¡A comer!

¡A COMER!
SANO, FÁCIL Y RICO
es editado por
EDICIONES LEA S.A.
Av. Dorrego 330 C1414CJQ
Ciudad de Buenos Aires, Argentina.
E–mail: info@edicioneslea.com
Web: www.edicioneslea.com

ISBN: 978-987-718-595-9

Primera edición. Impreso en Argentina.
Diciembre de 2018. Pausa Impresores.

Pereiro, Romina
   ¡A comer! : sano, fácil y rico / Romina Pereiro ; editado por Carolina Di Bella. - 1a ed ilustrada. -
   Ciudad Autónoma de Buenos Aires : Ediciones Lea, 2018.
   168 p. ; 20 x 22 cm.

   ISBN 978-987-718-595-9

   1. Educación Nutricional. 2. Obesidad Pediátrica. 3. Hábito Alimentario. I. Di Bella, Carolina, ed.
   II. Título.
   CDD 613.2

ROMINA PEREIRO

Prólogo de
PROF. DR. ALBERTO CORMILLOT

¡A comer!

SANO, FÁCIL Y RICO

#NoALaObesidadInfantil

Lea

A Viole y Emma, mis dos princesas.
A mami, Nadi, Noe, Rochi y Jorge, los amo.
Y en recuerdo de la abuelita Nieves, cuya esencia vive en este libro.

AGRADECIMIENTOS

Tengo mucho que agradecer y, sobre todo, a mucha gente que dejó en mí su huella y gracias a quienes pude recorrer el camino que me llevó a escribir este libro. Porque me acompañaron, me aconsejaron, me dieron su confianza y me alentaron. Cada uno de ustedes ocupa un lugar en mi corazón.

Agradezco a mi familia, somos pocos, pero ahí estamos siempre, para bancarnos, escucharnos, acompañarnos incondicionalmente. Me hace muy feliz saber que siempre están ahí. ¡Tengo una familia hermosa!

Gracias a Jenny, una vida creciendo juntas. Sos parte de este libro.

Gracias a Sergio Verón, gracias *Sersh* por ser tan generoso. Me enseñaste, me mostraste un camino, me aconsejaste y me diste tu amistad… ¡y muchos no sabessss!

Gracias a Gabi y a Vero, amigas, gracias por las risas cómplices en los momentos precisos.

Gracias al Profesor Doctor Alberto Cormillot, por permitirme aprender y tener el privilegio de formarme de su mano. Por los consejos y por exigirme para dar siempre un poco más.

Gracias a Adro, por JA!

Gracias a la Universidad ISALUD y a los docentes con quienes estudié. Disfruté muchísimo de mis años en la facultad.

Gracias Doctor Brian Cavagnari por el tiempo que dedicaste a leer minuciosamente este libro y darme tus consejos. Gracias por el apoyo de siempre, desde la primera reunión.

Eternamente agradecida a la Lic. Soledad Catalano, Diego Sivori y Daniela Lopilato. Es fundamental para mí contar con el apoyo de colegas a quienes respeto y admiro muchísimo. Gracias por acompañarme.

Gracias a mis compañeros de Fundación ALCO y Clínica Cormillot.

Gracias a Nico Foresi, Rober Gambaro, Paula Basili (Poulin), María Palmira Villa, Lic. Estefanía Pasquini, Romina Polnoroff (MamaSana), Ximena Heredia y Estefanía de *Oh Wear*, Lic. Belén Rodriguez, Lic. Pato Giacomelli, Alejandra Benevento y Franco Verdoia.

Gracias a Lupe, Inés Pons y Sebastián Soneira.

Gracias a Mirta Morano y Dani.

Gracias a todo el equipo de *Morfi*, *Como Todo* y *Cuestión de Peso*.

A Marcela y Arturo, por motivarme a estudiar una carrera universitaria.

Gracias a Carolina Di Bella y a Ediciones Lea, por confiar y apostar por mí.

Gracias a cada uno de mis pacientes, a todos los chicos que conocí durante la gira de Fuerza Fruta, y en especial ¡a todas las mamás y papás que van a leer este libro!

¡BIENVENIDOS!

Hola, soy Romina Pereiro, mamá de dos nenas y Licenciada en Nutrición.

Estudié y me capacité para ayudar a las personas a mejorar sus hábitos, a comprender que comer sano no implica vivir a lechuga y tomate y que, si te organizas y planificas un poco, la alimentación de tu familia puede ser rica, y también sana. ¡Sí! ¡Puede ser ambas cosas!

Como Nutricionista siento el compromiso de acercar a las personas soluciones prácticas y herramientas sencillas. Vivimos cargados de ocupaciones y responsabilidades, corremos de un sitio al otro, tenemos una larga lista de actividades cotidianas y, cuando llegamos a casa, queremos preparar una rica cena que cuide la salud de nuestra familia… Sin embargo, es en ese momento que no sabemos por dónde empezar y terminamos preparando lo mismo todos los días o lo que encontramos a último momento.

Desde que me convertí en mamá sentí que podría pulir todo lo que la práctica profesional me había enseñado. Gracias a mi profesión, conocía perfectamente las cantidades y los nutrientes que mis hijas "tenían que incorporar". Así que me preparé con mucho entusiasmo para empezar con la alimentación complementaria de Violeta apenas cumplió sus 6 meses.

Pero… no tardé en desconcertarme cuando, más de una vez, la comida que había preparado con "todo mi conocimiento y amor" era rechazada o terminaba en el suelo…

¿Y ahora? ¿Qué tenía hacer? En la universidad no me habían enseñado qué hacer frente a las rabietas de mis hijas cuando *no querían incorporar nutrientes*… ¿Cómo podía pasarme algo así? Sí, a mí también me pasó. Y no una vez, sino muchas. Y me sigue pasando.

La diferencia es que hoy no me desespero para que "*incorporen todos los nutrientes*" ya que entendí que es mucho más importante que coman un poquito de todo y que, de a poco, se animen a ir incorporando alimentos o preparaciones nuevas.

También tuve que aprender a confiar en mi sentido común, esa vocecita interior que las mamás tenemos y que nos guía para tomar las mejores decisiones para nuestros hijos.

Con esto no quiero decir que la teoría no sea importante. Todo lo contrario. La información nos educa, nos protege y nos da la posibilidad de elegir qué es lo mejor.

Mientras escribía este libro pensaba en la gran cantidad de mamás que están bombardeadas por información, consejos y sugerencias, muchas veces contrapuestas, que terminan por confundirlas y desorientarlas. Y en mi caso, que disponía de toda la teoría y la práctica profesional, también pensaba en mis propias situaciones con mis hijas durante el momento de la comida en las que yo quería aplicar al pie de la letra todo lo aprendido dejando de lado mi sentido común e intuición.

Por eso, con este libro, quiero acompañarte, ayudarte y motivarte para que, una vez que cuentes con toda la información necesaria, confíes en tu intuición y en las decisiones que crees que son las mejores para tus hijos.

¿Empezamos juntas?

PRÓLOGO

Prof. Dr. Alberto Cormillot

Los resultados de la ENCUESTA MUNDIAL DE SALUD ESCOLAR (EMSE, 2012) señalan que, en nuestro país, entre los niños y niñas de edad escolar:

- solo el 18 % consume 5 porciones diarias de frutas y verduras;

- el 50 % consume 2 o más bebidas azucaradas por día;

- semanalmente están expuestos a más de 60 publicidades de alimentos poco convenientes para su salud.

Según reveló el informe realizado por el CENTRO DE ESTUDIOS SOBRE NUTRICIÓN INFANTIL (*La Mesa argentina en las últimas dos décadas*, CESNI, 2016) en Argentina:

- se duplicó el consumo de gaseosas y jugos en polvo en los últimos veinte años pasando de 1/2 a 1 vaso de gaseosa por día por habitante;

- el consumo de frutas disminuyó un 41 % y el de hortalizas un 21 % en el mismo periodo.

Como resultado, solo en la Argentina, 6 de cada 10 adultos padecen sobrepeso u obesidad. Entre los niños y niñas en edad escolar, el 30 % presenta sobrepeso y el 6 % obesidad.

Y muchas de las complicaciones –*comorbilidades*– que padecen estos últimos debido a sus problemas con el peso corporal se agravan año tras año debido a que esta enfermedad está íntimamente relacionada con otras afecciones como diabetes tipo 2, hipertensión y colesterol elevado, factores de riesgo para enfermedades cardiovasculares que *en el pasado solo se presentaban* en adultos.

Por esta razón, algunos especialistas temen que en un futuro no muy lejano los hijos vivan menos años que sus padres.

Además de las complicaciones sobre la salud física infantil, otro aspecto a tener en cuenta –principalmente en el entorno escolar– es la discriminación que padecen los chicos con sobrepeso u obesidad, que muchas veces se manifiesta a través de las "cargadas", la humillación o incluso la agresión física. Como consecuencia, muchos niños prefieren evitar la práctica de actividad física por miedo a las burlas y tienden a comer más como respuesta al estrés, dos conductas que refuerzan el problema con el peso corporal.

Estas y otras situaciones ligadas al entorno infantil son bien conocidas por la autora de este libro: **Romina Pereiro**. Ella sabe, por su experiencia profesional, que la obesidad no tiene una causa única, sino que es el resultado de una combinación entre un componente genético predisponente y la existencia de un medio ambiente tóxico que afecta las elecciones de alimentación y las oportunidades de moverse, especialmente nocivo en los niños porque nacen en un mundo donde la mala alimentación y el sedentarismo son la norma.

"Sin intervención, los lactantes y los niños pequeños obesos se mantendrán obesos durante la infancia, la adolescencia y la edad adulta", afirma la Organización Mundial de la Salud. ¿Están los chicos y adolescentes condenados a tener problemas con el peso? Claramente no. Por cada factor que favorece la obesidad infantil debe haber un recurso, un programa asistencial, una idea práctica, una política pública, una solución.

Ese tipo de herramientas son las que se desarrollan en las páginas de este libro. El lector encontrará relatos de consultorio, verdades científicas que destierran mitos, información importante para construir la prevención en su casa, menús y recetas para ganarle a los caprichos alimentarios y organizar comidas cotidianas, cumpleaños y viandas.

Estas páginas también reproducen los lineamientos de las "Guías Alimentarias para la Población Argentina" (GAPA), herramienta del Ministerio de Salud de la Nación que resume aquellos conocimientos que contribuyen a generar comportamientos alimentarios y nutricionales más saludables para toda la familia. Y como la alimentación en las primeras etapas de la vida influye en el peso futuro de las personas, brinda recursos específicos para cada etapa biológica a partir del nacimiento.

Contribuir a detener y prevenir la epidemia de obesidad infantil es posible y a la vez indispensable para asegurar a la infancia su derecho a una vida sana, feliz, y a un futuro mejor. *¡A comer! Sano, fácil y rico* aporta conocimientos que ayudarán a los padres a construir hábitos alimentarios y de movimiento que guíen las elecciones de sus hijos hacia un peso saludable.

Prof. Dr. Alberto Cormillot

PRIMERA PARTE:

LA INFANCIA EN RIESGO

Desde hace ya varios años que gran parte de mi trabajo se relaciona y aplica en áreas vinculadas con la promoción de los buenos hábitos alimentarios en los niños y en la familia en general. Esta fue mi elección cuando empecé a conocer el crecimiento de las estadísticas de obesidad infantil y a estudiar cómo repercuten las consecuencias de este problema en la infancia y en la futura vida adulta. Si bien como profesional me preocupo y ocupo de estudiar, capacitarme, leer los informes más destacados en la materia para mantenerme actualizada, te aseguro que ningún estudio previo te prepara para el momento en que llega al consultorio el primer *pacientito* con problemas ocasionados por la obesidad. Recuerdo bien aquel día: Vito (para resguardar su privacidad he cambiado su nombre), tan solo con 6 años vino con su mamá, a quien noté muy preocupada, derivado por su pediatra. Vito llegó con diagnóstico de hígado graso e insulinorresistencia. Solo para comprender este cuadro en su real dimensión, es oportuno mencionar que el hígado graso es una de las tantas complicaciones de la obesidad, y que se produce cuando se acumula demasiada grasa en el hígado. Por otra parte, padecer insulinorresistencia o resistencia a la insulina, aumenta las posibilidades de desarrollar diabetes tipo 2 y enfermedades del corazón. Vito fue el primero de muchos niños y niñas que fueron y siguen llegando a mi consultorio, aquejados por todo tipo de complicaciones provenientes todas de una misma raíz: **la obesidad**. En este momento, incluso, mientras empiezas a leer este libro, más y más niños se convierten en obesos. Este es un primer indicador: **la obesidad infantil está creciendo de manera alarmante y se ha convertido en una epidemia a nivel mundial**. De hecho, según datos de la Organización Mundial de la Salud, Argentina es actualmente el país con mayor índice de obesidad infantil de la región dado que el 40 % de los niños en edad escolar tiene problemas con su peso al igual que el 9,9 % de los niños menores de 5 años.

ALGUNOS INDICADORES

¿Cuando hablamos de obesidad nos referimos solo a una cuestión genética? La respuesta es no. Aún más, el factor genético tiene una incidencia mínima en el peso de una persona. **La mayor incidencia está determinada por lo que come y por cuánto se mueve**. Y este es el segundo indicador: el mayor porcentaje de los niños que sufren de obesidad están comiendo mal y moviéndose poco. ¿A qué me refiero con *comiendo mal*? Al exceso de azúcar y grasa en su alimentación. Tan claro como esto. Y estos excesos se relacionan con los hábitos

y las costumbres. Llegamos ahora al tercer indicador: somos nosotros los que, con pequeñas decisiones día, a día vamos modificando costumbres que van cambiando el patrón alimentario de nuestra familia. Y esto puede ser muy malo o muy bueno. Depende desde dónde lo miremos. Yo siempre elijo mirar el lado positivo: si somos nosotros los que tomamos decisiones respecto de la forma de comer poco conveniente, también somos nosotros los que tenemos el poder de revertirlas.

Vito, con sus 6 años, tenía en ese momento enfermedades que hace unos años solo sufríamos los adultos. Enfermedades totalmente prevenibles. Vito despertó en mí una responsabilidad enorme y un gran desafío: intentar sumar desde mi lugar un granito de arena y comunicar salud de la forma más clara y accesible posible. ¿Qué quiero decir? Que la teoría y la información están al alcance de todos, que vivimos en la era de la tecnología, caracterizada por la sobreabundancia de información, pero que evidentemente esto no ha sido suficiente porque las cifras de obesidad siguen creciendo.

PEQUEÑAS DECISIONES

El Profesor Doctor Alberto Cormillot, quien fue mi formador en temas de obesidad, me dijo un día: *"Nena, hay que explicarle a la gente el CÓMO y no tanto el POR QUÉ"*. Aquel consejo fue tan sabio como tantos otros que me dio. Hablar del CÓMO significa prestar atención a cómo hacemos en el día a día, en casa, en el trabajo, en la escuela o en la facultad, con las pequeñas decisiones cotidianas que vamos tomando y que van formando nuestros hábitos. Soy mamá de dos niñas que están en edad escolar y vivo el día a día alimentario de ambas, así que entendí aquel consejo. Conozco la teoría,

pero *¿qué hago cuando Violeta se niega a probar una fruta y Emma hace berrinches porque no quiere comer la ensalada y pide a cambio papas fritas?* Mi situación personal también fue una gran motivación para asumir mi desafío profesional: *¿cómo darles herramientas a las mamás y a los papás para que puedan mejorar la alimentación de sus hijos para que el momento de la comida no se transforme en una guerra entre lo que "los papás queremos que coman" versus "lo que los chicos quieren comer"?*

FUERZA FRUTA

Desde 2016, junto con mis compañeros y colegas, Adrián Cormillot y Sergio Verón, recorremos muchísimas escuelas de toda la Argentina como representantes de Fuerza Fruta, una iniciativa del Proyecto JA! que fomenta la prevención de enfermedades relacionadas con el estilo de vida y la obesidad infantil. Se trata de un taller lúdico e interactivo que realizamos en los colegios de educación inicial, cuyos pilares son la alimentación en colores (ya que son los colores de los alimentos los que aportan las propiedades beneficiosas para la salud) y el movimiento recreativo con el fin de disminuir el sedentarismo. En cada encuentro, los chicos juegan, saltan, bailan, corren y participan activamente. Para el momento del cierre, se nos ocurrió repartir fruta entre todos los chicos. Si bien al principio creímos que esta era una buena idea para fomentar el gusto temprano por las frutas, nunca nos imaginamos que los niños se iban a pelear por las frutas. ¡Sí! ¡Se peleaban! Y para nuestra grata sorpresa, querían más de una. Incluso, hasta las maestras se sorprendían por el entusiasmo que mostraban. Los chicos querían frutas y las comían en ese momento, delante de nosotros. Desde entonces, triplicamos la cantidad de frutas que llevamos y tuvimos que rediseñar la logística para el momento de la entrega de la fruta, para que el final del taller fuera más ordenado, de manera que ningún chico se fuera con las manos vacías. También fue necesario proveerles a las escuelas canastos de basura para arrojar allí las cáscaras de mandarina y banana y evitar así que quedaran dispersos por todos los salones de las escuelas.

Esta experiencia me permitió reflexionar todavía un poco más. Sobre todo porque muchas veces somos nosotros los que damos por sentado que los chicos *"no van a querer fruta"* o que *"la tarta de espinaca no les va a gustar"* o que *"la ensalada ni la van a probar"*. Y es cierto, a veces pasa (me ha pasado), pero otras veces no. Entonces, me concentré más aún en el CÓMO:

- ✂ ¿Cómo es el momento de la comida?
- ✂ ¿Obligamos a nuestros hijos a comer sano, a terminar todo el plato de tarta de brócoli que con tanto amor les hemos cocinado?
- ✂ ¿El momento de la comida se transforma en una guerra, dominado por la tensión y la negociación constantes?
- ✂ ¿Usamos la comida como premio o como castigo?
- ✂ Si nosotros durante los talleres les hablábamos de los colores de los alimentos y de los "súper poderes" que ellos aportan, como energía, fuerza e inteligencia, y ellos respondían positivamente, ¿no será que tenemos que incorporar este tipo de estrategias también en casa?

Sí. Ya sé que me dirás: *"No tengo tiempo de hacer una obra de teatro todos los días para que mis hijos coman"*. Lo sé. Vivimos apurados, con diversas preocupaciones en mente, corremos todo el día y llegamos a la noche con la energía justa. Pero no se trata de llevar adelante cambios radicales o misiones heroicas, sino de comenzar a incorporar cambios cotidianos y sencillos que tiendan a mejorar los hábitos.

Cuando recibo pacientes que me piden *"Quiero aprender a comer"*, les respondo: *"¿Por dónde empezamos?"*. Les pido que elijan un objetivo concreto, pequeño y alcanzable, que no implique grandes esfuerzos, que lo sientan posible y que una vez que lo hayan conseguido, recién entonces pasen a un nuevo objetivo. Esto mismo te digo a ti que estás leyendo este libro. Verás que en poco tiempo ya habrás realizado varios cambios que repercutirán positivamente en tu salud y en la de tu familia.

¿Por qué hablo de familia y no hago énfasis solamente en los niños? Porque los cambios de hábitos nos comprometen a todos los que acompañamos el crecimiento de los niños. Si pretendes que los niños beban agua mientras consumes gaseosa, no esperes que te funcione. Lo mismo con cualquier otro tipo de alimento. Con esta actitud, solo lograrás mayor resistencia al cambio y que el momento de la comida se parezca a una batalla campal con gritos, llantos, berrinches y comida esparcida por toda la cocina.

¿El postre es el postrecito de góndola que viene con los personajes favoritos de tus hijos? No está mal que les guste y se los compres. Lo que no es tan conveniente es que los postrecitos hayan reemplazado a las frutas. Recuerdo que cuando era chica, el postre habitual era una fruta. Se trataba de un hábito instalado. Para mí era natural pensar cuál sería la fruta que elegiría de postre: naranja, manzana, banana, pera. No era una obligación. De hecho, todavía existía la frutera. *¿A dónde fueron a parar todas esas fruteras? ¿Se extinguieron? ¿Desaparecieron? ¿Alguien se las robó?* Había fruteras llenas de colores sobre las mesas, las mesadas, al alcance de la mano de los niños de la casa. Me acuerdo de las tardes de verano jugando con mis primos hasta que se hacía de noche y, cada tanto, entrar corriendo a la cocina con hambre y *manotear* una fruta de la frutera. ¿Gaseosas? ¿Snacks? ¿Golosinas? Solo en

ocasiones especiales como cumpleaños, fiestas, pero no para todos los días. Estos hábitos se fueron perdiendo y hoy asistimos al fenómeno exactamente opuesto.

Mi propuesta no demoniza ningún alimento ni es prohibitiva. En realidad, creo que se trata de empezar a mejorar un poco la elección entre los alimentos más convenientes y los menos convenientes. Ni siquiera digo buenos o malos. Un chocolate, una gaseosa o una hamburguesa con papas fritas de vez en cuando no le hacen mal a nadie. En cambio, sí hacen mal cuando estos conforman nuestra alimentación habitual. El exceso de azúcar, grasa y sal del que tanto habrás escuchado hablar en los medios y en diversas publicaciones, es lo que está causando estragos en la salud de la población.

Entonces, *¿por qué no empezar en casa, con mínimos cambios como, por ejemplo, probar de a poco con alguna fruta? ¿Por qué no dejar que los niños la elijan? ¿Por qué no intentar ofrecerles presentaciones de diversas frutas en trozos jugando con los colores y dejar que las acompañen con alguna salsita de chocolate o dulce de leche?* Se pueden hacer pequeñas concesiones (sin que se den cuenta) pensando que lo importante es que prueben, que sean ellos los que elijan, dejando atrás la obligación o la conocida imposición *hay que comerlas porque hacen bien*.

¿Preparas los platos fritos porque siempre los has hecho así y porque esto deja a todos contentos? ¿Y si intentas cocinarlos al horno? Es un cambio menor, aunque no de menor importancia.

De todo esto hablo en este libro. Esta es una posibilidad para brindar mi aporte en la búsqueda del equilibrio alimentario, de compartir experiencias y de sumar interrogantes. Me parece que lo más importante es comenzar a generar cambios desde la casa, con aquello que está a nuestro alcance. Realmente estoy convencida de que se trata de cambios sencillos que opten por incorporar variedad en la elección de los alimentos, cuidar el tamaño de las porciones, sin prohibir ni presionar para que *"terminen todo el plato"*.

TOMAR CONCIENCIA

El *gran poder de la prevención* que tenemos como adultos, se activa en la medida en que tomemos conciencia e incluyamos algunos ajustes en la alimentación cotidiana. Contamos con la posibilidad de formar hábitos saludables en nuestros hijos, ya que aquello que les transmitamos durante su infancia será determinante para su bienestar presente y futuro. Una alimentación equilibrada sentará cimientos fuertes para construir un estado saludable. Numerosos estudios internacionales lo han demostrado: las experiencias adquiridas durante la infancia perduran durante toda la vida de las personas. Asimismo, una situación adversa en esta etapa de la vida se asociará con problemas de salud física y psíquica en la vida adulta, mayor mortalidad, un desempeño social conflictivo y un menor nivel educativo. Por el contrario, las experiencias positivas depararán efectos altamente favorables. Según afirma la UNICEF, *"asegurar que los niños disfruten durante sus primeros años de las mejores condiciones de vida que podamos ofrecerles es una de las inversiones más inteligentes para un país que piensa en su futuro y en la posibilidad de ser parte de una economía mundializada que se basa en la fortaleza de su capital humano. Garantizar un buen comienzo para los niños y niñas contribuye a quebrar los ciclos de la pobreza, enfermedades y violencia. Si priorizamos el comienzo de la vida, cambiamos toda la historia"*. Sin duda, se trata de una oportunidad irrepetible en cualquier otra etapa de la vida, un momento único que, bien encarado, puede desencadenar un desarrollo pleno y saludable. La acertada frase, que seguramente has escuchado, *"somos lo que comemos"*, nos señala que hoy es el momento oportuno para empezar a ocuparnos de ser más saludables.

Empatizar con esta realidad nos permitirá adoptar medidas convenientes y sencillas para llevar a la práctica. También, contar con la información necesaria para tomar esas *"pequeñas grandes decisiones cotidianas"*, a las que no siempre les damos la importancia que merecen, en torno a:

⚔ ¿Qué alimentos seleccionar?

⚔ ¿Cuáles son las propiedades de los distintos métodos de cocción?

⚔ ¿Cómo podemos armar el tan famoso "menú saludable"?

⚔ ¿Qué alimentos nos conviene limitar?

⚔ ¿Cómo podemos hacer para que los niños quieran comer más sano?

Es decir, encontrar soluciones para ir resolviendo los pequeños dilemas a los que nos enfrentamos todos los días.

Mi propósito es que la buena alimentación de tu familia deje de ser una preocupación y un problema. Asimismo, también aspiro a derribar mitos que nos llevan a cometer errores que pueden poner en riesgo nuestra salud. El camino es hablar de soluciones en forma sencilla y práctica, estableciendo objetivos concretos y tan fáciles de cumplir que no representen un esfuerzo adicional, comprendiendo los por qué y los para qué, pero de manera correcta.

Como mamá, me enfrento con esta realidad día a día. Y como profesional, también. Y más allá de conocer la teoría, sé que se necesitan más herramientas para poder llevarlo a la práctica y sostenerlo en el tiempo. Por eso decidí recopilarlas todas en este libro y dejar mi granito de arena. *¡Espero que te sirva!*

UNA EPIDEMIA QUE CRECE

Cada vez hay más obesos en el mundo. Estamos engordando tanto y tan rápido que la obesidad se ha convertido en una epidemia mundial. Las cifras oficiales referidas por la Organización Mundial de la Salud (OMS) son alarmantes. Según resultados mundiales, el número de lactantes y niños pequeños (de 0 a 5 años) que padecen sobrepeso u obesidad aumentó de 32 millones en 1990 a 41 millones en 2016. Si estas cifras se mantienen, el número de lactantes y niños pequeños con sobrepeso aumentará a 70 millones para 2025. Sí, leíste bien: 70 millones de niños obesos, expuestos a más de doscientas complicaciones causadas por su obesidad. Y se trata de una enfermedad prevenible.

Cuando hablo de prevención me refiero a que la obesidad se puede evitar si adoptamos las medidas concretas para reducir los riesgos relacionados con ciertos comportamientos y hábitos que amenazan nuestra salud. Se trata entonces de estar alertas y actuar, de cambiar y hacer modificaciones en nuestra conducta alimentaria.

¿QUÉ ES LA CONDUCTA ALIMENTARIA?

La conducta alimentaria se define como el comportamiento normal relacionado con los hábitos de alimentación, la selección de los alimentos que se ingieren, las preparaciones culinarias y las cantidades que ingerimos de ellos. El artículo *"Desarrollo de la conducta alimentaria en la infancia y sus alteraciones"*, de Jessica Osorio, Gerardo Weisstaub y Carlos Castillo, publicado en la *Revista chilena de nutrición*, explica que en los seres humanos los modos de alimentarse, las preferencias y los rechazos hacia determinados alimentos, están fuertemente condicionados por el aprendizaje y las experiencias vividas durante los primeros cinco años de vida. Según detallan, en general el niño incorpora la mayoría de los hábitos y prácticas alimentarias de una comunidad antes de esta edad.

Por lo tanto, *la familia tiene un rol fundamental en la educación y transmisión de pautas alimentarias.* La transición desde una alimentación láctea, durante el primer año de vida, al esquema de alimentación propio del hogar, es un reflejo de la amplitud de alimentos de consumo humano y de sus modos de preparación. Es decir, de una alimentación láctea similar entre todas las culturas durante el primer año de vida, se pasa a una variedad de dietas determinadas por la cultura a la que pertenece el grupo familiar. **De esta forma, en cualquier cultura, la mayor parte de los alimentos y los modos de consumirlos de un adulto ya han sido incorporados en la infancia.**

La madre alimenta a su hijo de acuerdo a sus valores, creencias, costumbres, símbolos, representaciones sobre los alimentos y las preparaciones alimentarias. Por ejemplo, las representaciones que tiene ella sobre el cuerpo ideal del hijo pueden corresponder a la de un niño obeso y, por lo tanto, su perfil de alimentación ideal será acorde con esa percepción, las porciones de alimentos tenderán a ser mayores que las recomendables y exigirá al hijo que deje el plato vacío.

Las experiencias tempranas del niño con la comida, y en especial las prácticas alimentarias de sus padres, tienen una importancia fundamental en los hábitos de alimentación que luego ellos desarrollarán. Desde muy pequeños, los niños establecen una relación de apego con la figura primaria que lo cuida (por lo general, es la mamá), y esta relación establecida durante el primer semestre de la vida resulta determinante para la adquisición de su conducta alimentaria y para su adecuado desarrollo posterior.

Lo mencionado muestra que los papás ejercen una gran influencia sobre los hábitos alimentarios de los niños y son ellos los que deben decidir la cantidad y calidad de los alimentos que les dan durante esta etapa. Asimismo, y en conjunto con los padres, la escuela (principalmente los maestros y profesores) juegan un papel central en el fomento y la adquisición de hábitos alimentarios saludables a través de la promoción y educación para la salud.

Sin embargo, los hábitos alimentarios se han ido modificando a causa de diferentes factores que alteran la dinámica e interacción familiar tales como la situación económica –que afecta los patrones de consumo tanto de los niños como de los adultos–, la menor dedicación y la escasez de tiempo para cocinar.

¿Qué pasó? ¿Por qué dejamos de cocinar?

Recuerdo que mi mamá cocinaba todos los días, almorzábamos y cenábamos comida casera. A veces, cuando llegábamos de la escuela, nos esperaba con galletitas o algún bizcochuelo casero. Ni hablar de cuando íbamos de visita a la casa de mis abuelos. Mi abuela Nieves siempre nos recibía con pastas caseras, alguna torta, tarta de ciruelas, panqueques o pan. Todo *caserito*. Recuerdo también que el *delivery* era una opción válida solamente para el viernes o el sábado, una vez por semana, cuando tal vez podíamos agregar alguna gaseosa.

En la actualidad, esos hábitos se revirtieron. Las mamás trabajan, y por lo tanto, disponen de menos tiempo para cocinar, planear el menú y hacer las compras. El Dr. Adrián Cormillot, en su libro *La comida no engorda*, explica: *"Mientras mamá tomaba las decisiones, la familia podía confiar en la cocinera. Con el auge del delivery, los restaurantes de comida rápida, restaurantes y otros establecimientos de venta de comida, nos sometemos a lo que los cocineros y empresas decidan acerca de nuestra alimentación. De acuerdo a un estudio, las personas consumen unas 200 calorías más por plato en estos locales comiendo lo mismo en casa. Los chicos en particular, consumen casi el doble de calorías. La razón: la gran cantidad de grasa, aceite y azúcar de sus menús, y el tamaño gigante de las porciones".*

¿Será que la comida casera está en vías de extinción?
A modo de ejemplo, según Simone A. French, Mary Story y Robert W. Jeffery, en su artículo *"Enviromental influences on eating and physical activity"*, en las últimas décadas, Estados Unidos, rey del "fast food", ha multiplicado los establecimientos de *comida rápida*; entre 1972 y 1995 crecieron casi en un 150 %, mientras que en un período similar, el porcentaje de comidas y snacks que las personas comen en estos restaurantes se cuadriplicó.

En la época de nuestras abuelas, los chicos *"gorditos"* eran sinónimo de felicidad y salud, ya que esto se relacionaba con que eran niños *"bien comidos"*. Pero también, en ese tiempo, las personas eran más activas y la comida más casera. Los chicos jugaban a la pelota gran parte del día, saltaban a la soga, a la rayuela, se trepaban a los árboles. Hoy los chicos pasan largas horas sentados, mirando la televisión o conectados a alguna *"pantalla"*. Por lo tanto, los hábitos alimentarios se continúan aprendiendo en el seno familiar y se incorporan como costumbres, pero también intervienen los medios de comunicación y la escuela. Además, hace falta mencionar la influencia que ejerce en los niños la publicidad televisiva –que forma parte del ambiente social y humano y que ha ido desplazando, en muchos casos, la influencia de la familia y de la escuela–, promoviendo un consumo alimentario menos saludable. Los niños son más susceptibles de ser influenciados, ya que se encuentran en una etapa de construcción de su identidad y, por lo tanto, son fácilmente manipulables por los anuncios publicitarios que promocionan nuevos alimentos. Al respecto, según los resultados de la Encuesta Mundial de Salud Escolar (EMSE, 2012) en la Argentina, los niños están expuestos semanalmente a más de 60 publicidades de alimentos poco convenientes.

Por su parte, la Academia Americana de Pediatría, refiere que para el momento en que un adolescente egresa de la escuela secundaria habrá visto 360 000 publicidades, la mayoría de ellas acerca de alimentos con alto contenido de grasa y azúcar.

En Argentina, la ANMAT (Administración Nacional de Medicamentos, Alimentos y Tecnología Médica), en su disposición 4980/2005, decreta que *"toda publicidad o propaganda de alimentos no deberá estar dirigida exclusiva o principalmente a niños menores de 12 años, sin el consejo de un adulto"*. Esto significa que para el Estado argentino, a partir de los 12 años, los niños son capaces de discernir los mensajes publicitarios y que, antes de esa edad, no poseen la capacidad de distinguir la intención de promover el consumo, es decir, no comprenden que un aviso publicitario no es entretenimiento, sino que es un mensaje que los adultos construyen para incrementar sus ventas. Me imagino que has visto algún canal de cable infantil, ¿no?... ¿Esto se cumple? ¡No! Y todos lo sabemos.

En el caso de la escuela, en tanto institución, es la que permite al niño enfrentarse con nuevos hábitos alimentarios asumiendo un rol fundamental en la promoción de factores protectores en la materia. En este sentido, las acciones de promoción y prevención escolar están a cargo de los docentes mediante los contenidos temáticos, en asignaturas como ciencias naturales. Sin embargo, se vuelve necesario tratar este tipo de temas desde una perspectiva integral que permita combinar conocimientos, actitudes y conductas saludables que promueva en los niños un estilo de vida saludable. La FAO, Organización de las Naciones Unidas para la Alimentación y la Agricultura, asegura que los programas de alimentación y nutrición escolar son clave para que los niños disfruten de los derechos humanos a la alimentación, la educación y salud. Mediante intervenciones complementarias, como los almuerzos escolares y la educación alimentaria, los alumnos tendrán la posibilidad de mejorar sus dietas, desarrollar prácticas alimentarias más saludables y extenderlas a sus familias y comunidades.

Como muestra la figura a continuación, el medioambiente, los padres y los niños están en interacción recíproca y la alteración de alguna de estas partes afecta inevitablemente a las otras.

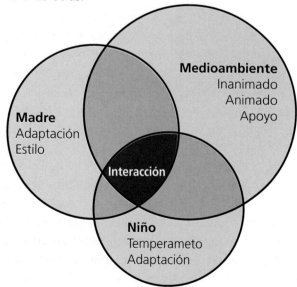

Factores determinantes de la conducta alimentaria de un niño sano.

Entonces, está suficientemente comprobado que los hábitos alimentarios que adquirimos se encuentran influenciados por aspectos biológicos, ambientales y socioculturales y que durante la infancia contribuyen a un desarrollo y crecimiento óptimos. Por esto, resulta fundamental que durante esta etapa los niños adquieran hábitos saludables.

Tal como venimos describiendo, las conductas se aprenden, provienen de la educación familiar y de la interacción con el medioambiente y nos enseñan a evaluar el mundo de una determinada manera. Esta base es el punto de partida para la construcción de nuestros hábitos. Por lo tanto, si somos nosotros los que los construimos, también podemos modificarlos, corregirlos o reemplazarlos por nuevos hábitos.

¿Cómo podemos hacerlo?
Educándonos.

Adriana Ivette Macias, Lucero Guadalupe Gordillo y Esteban Jaime Camacho expresan en su artículo *"Hábitos alimentarios de niños en edad escolar y el papel de la educación para la salud"*, publicado en la *Revista chilena de nutrición*, que *"La educación para la salud como disciplina surge ante la necesidad de proporcionar a las personas los medios necesarios para mejorar la salud, a través de la modificación de conductas de riesgo. En la 36 Asamblea Mundial de la Salud se definió a la educación para la salud como cualquier combinación de actividades de información y educación que lleve a una situación en la que las personas sepan cómo alcanzar niveles de salud óptimos y busquen ayuda cuando lo necesiten. La educación para la salud tiene como objetivo primordial diseñar programas de intervención destinados a modificar creencias, costumbres y hábitos no saludables, además de promover, proteger y fomentar la salud".*

Cuando, desde el Proyecto JA!, comenzamos a estudiar qué tipo de campañas o acciones con fines educativos eran más necesarias, nos dimos cuenta de que la problemática de la obesidad infantil era amplia y diversa. Leímos estudios, analizamos estadísticas y encuestas que evidenciaban todo tipo de dificultades: los niños no desayunan, consumen cantidades desmedidas de azúcar, grasa y sodio, no comen la suficiente cantidad de frutas y verduras, han reemplazado los lácteos por bebidas azucaradas, y además pasan demasiadas horas quietos, mirando la televisión, jugando a la play station o conectados a una pantalla... No podíamos abarcarlo todo, recién estábamos empezando, y éramos un pequeño equipo con recursos acotados. Ganas y entusiasmo nos sobraban, pero tuvimos que aprender que no eran suficientes para materializar nuestras ideas y quedaban solo en buenas intenciones. Tuvimos que bajar todo a tierra, ordenarnos y empezar de a poco abordando una problemática por vez. Ordenar nuestros objetivos y establecer metas para que las mismas tuvieran mayor impacto. Como parte del trabajo de investigación que realizamos, nos encontramos con algunos datos preocupantes. En Argentina, por ejemplo, el consumo diario por persona de frutas y verduras es de 271 gramos. Escaso, si se tiene en cuenta que la Organización Mundial de la Salud (OMS) y la Organización de las Naciones Unidas para la Alimentación (FAO) aconsejan comer, como mínimo, 400 gramos. Las cifras coinciden con lo revelado por la última Encuesta Nacional de Factores de Riesgo, que mostró que en Argentina se consumen dos porciones de frutas y verduras, cuando lo aconsejado es cinco. Este dato pone de manifiesto las serias deficiencias de micronutrientes, vitaminas y minerales, ya que necesitamos 60 nutrientes presentes en las frutas y verduras y no los estamos consumiendo. Consideramos entonces que era fundamental comenzar a despertar conciencia al respecto y a educar. Si no parece difícil consumir 5 frutas y/o verduras por día, ¿por qué consumimos menos de la mitad? Así llegamos a nuestro primer objetivo, al QUÉ. Planificar acciones en escuelas con el objetivo de que los chicos incorporen mayor cantidad de frutas.

Cuando estamos por tener un hijo, solemos adoptar medidas preventivas para minimizar los riesgos de caídas, golpes o accidentes domésticos. Organizamos la casa, la ordenamos, *"nos preparamos"* para transformar la casa en un sitio seguro: cubrimos enchufes, alejamos los objetos que podrían representar un peligro, protegemos las escaleras, las ventanas y las puertas, incorporamos cierres de seguridad en el auto, entre otras medidas. La pregunta es: si los alimentos no convenientes y las porciones excesivas representan un riesgo para la salud, ¿por qué no hacemos lo mismo con nuestros hábitos alimentarios? En cuanto al consumo de los alimentos, los riesgos también existen, los hábitos poco saludables son prevenibles y los hábitos saludables son concretos. El exceso de peso perjudica seriamente la salud ya que las complicaciones que ocasiona son graves. Y no se trata de pensar en una gran cantidad de kilos extra. Por ejemplo, los factores de riesgo de enfermedades del corazón pueden detectarse desde los 5 años en niños obesos. Si no tomamos medidas concretas y claras para revertir esta situación, los niños obesos pueden tener en su infancia entre un 30 y 40 % más de riesgo, que sus pares de peso normal, de sufrir en el futuro enfermedades del corazón o eventos cardiovasculares. Por lo tanto, trabajar en los hábitos saludables para la prevención de la obesidad implica preveer mediante conductas y hábitos situaciones que reduzcan o minimicen los riesgos futuros. Se trata de adoptar precauciones alimentarias para que los chicos se alimenten de manera saludable, variada y rica. **Este concepto de cuidado alimentario debería resultarnos tan cotidiano y espontáneo como los restantes cuidados que incorporamos en la casa.** Así como no nos cuestionamos cubrir todos los enchufes para evitar un accidente eléctrico, asimismo no deberíamos cuestionar los hábitos alimentarios que previenen la obesidad infantil.

En suma, el llamado es a hacernos cargo de la alimentación de nuestros niños, de educarnos e informarnos de manera tal que podamos tomar las decisiones correctas para mejorar la calidad y cantidad de alimentos que les ofrecemos. **Sé que cambiar un paradigma no es una tarea sencilla. Las costumbres se transmiten de generación en generación y romperlas o modificarlas no resulta nada fácil. Pero, dados los problemas que esta nueva forma de alimentarse está originando, es importante que nos detengamos y comencemos de a poco a corregir nuestras costumbres cotidianas.** Muchas veces ese miedo o resistencia al cambio comienza a disiparse cuando una familia se encuentra con otra que adoptó algunas decisiones en su propio hogar. Por ejemplo, si un niño lleva frutas a la escuela, esto opera de invitación implícita para que otros hagan lo mismo.

Según las últimas estimaciones de la Organización Mundial de la Salud, para 2016 unos 41 millones de niños menores de cinco años tenían sobrepeso o eran obesos. Además, si bien el sobrepeso y la obesidad eran considerados hasta hace algunos años como un problema propio de los países de ingresos altos, actualmente ambos trastornos aumentan en los países de ingresos bajos y medianos, en particular en los entornos urbanos. En África, el número de menores de 5 años con sobrepeso ha aumentado cerca de un 50 % desde el año 2000. En 2016, aproximadamente la mitad de los niños menores de 5 años con sobrepeso u obesidad vivían en Asia. Asimismo, estimaciones globales de la OMS, provenientes de estadísticas de 2016, determinan que hay más de 340 millones de niños y adolescentes de entre 5 y 19 años con sobrepeso u obesidad. La prevalencia del sobrepeso y la obesidad en niños y adolescentes ha aumentado de forma alarmante, del 4 % en 1975 a más del 18 % en 2016. Este incremento se observa por igual en niños y niñas: 18 % de niñas y 19 % de niños. Mientras que en 1975 menos del uno por ciento de niños y adolescentes eran obesos, en 2016 el porcentaje alcanzó el 6 % para las niñas y el 8 % para los niños, lo que equivale a 124 millones de niños de entre 5 y 19 años con obesidad. A nivel mundial, el sobrepeso y la obesidad están vinculados con un mayor número de muertes que la insuficiencia ponderal. En general, hay más personas obesas que con peso inferior al normal. Ello ocurre en todas las regiones, excepto en algunas regiones de África subsahariana y Asia.

El mapa de la página siguiente, publicado en un reciente informe de la OMS, ilustra la distribución del sobrepeso y la obesidad en nuestra región:

En Argentina, según la Encuesta Mundial de Salud Escolar realizada en 2007 y 2012, el incremento del sobrepeso en los adolescentes fue de un 16 % y el de la obesidad de un 34 %. Según refiere, el 36 % de los niños en edad escolar presenta sobrepeso u obesidad. **Cada año, el uno por ciento de la población argentina se convierte en obeso, esto se traduce en 400 000 personas por año, 1 100 por día y 40 por hora.**

ÍNDICE DE MASA CORPORAL
En mayores de 18 años

Delgadez leve		17-18,49
Normal		18,5 - 24,99
Sobrepeso		25 - 29,99
Obesidad		Igual o más de 30

$$IMC = \frac{Masa\ (kg)}{Altura\ (m)^2}$$

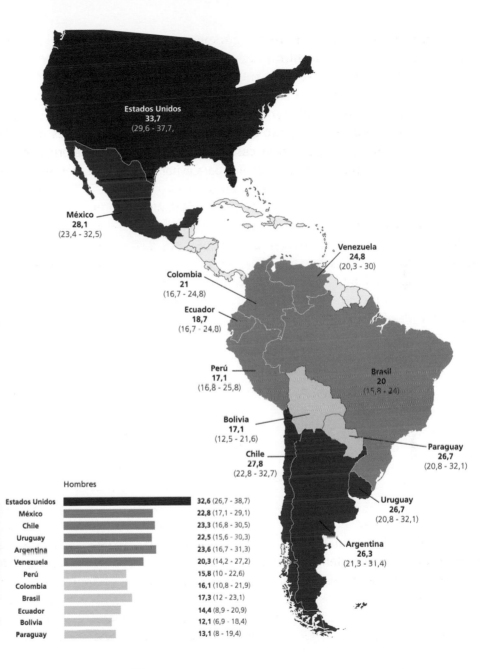

Estados Unidos
33,7
(29,6 - 37,7)

México
28,1
(23,4 - 32,5)

Venezuela
24,8
(20,3 - 30)

Colombia
21
(16,7 - 24,8)

Ecuador
18,7
(16,7 - 24,8)

Perú
17,1
(16,8 - 25,8)

Brasil
20
(15,8 - 24)

Bolivia
17,1
(12,5 - 21,6)

Chile
27,8
(22,8 - 32,7)

Paraguay
26,7
(20,8 - 32,1)

Uruguay
26,7
(20,8 - 32,1)

Argentina
26,3
(21,3 - 31,4)

Mujeres		Hombres
34,7 (28,9 - 40,7)	Estados Unidos	**32,6** (26,7 - 38,7)
33,1 (26,6 - 39,7)	México	**22,8** (17,1 - 29,1)
32,2 (24,8 - 40,1)	Chile	**23,3** (16,8 - 30,5)
30,6 (22,5 - 38,9)	Uruguay	**22,5** (15,6 - 30,3)
28,9 (21,7 - 36,9)	Argentina	**23,6** (16,7 - 31,3)
29,4 (22,5 - 36,0)	Venezuela	**20,3** (14,2 - 27,2)
26,5 (20,3 - 33,2)	Perú	**15,8** (10 - 22,6)
25,7 (19,6 - 32,3)	Colombia	**16,1** (10,8 - 21,9)
22,7 (17,2 - 28,9)	Brasil	**17,3** (12 - 23,1)
22,9 (16,3 - 30,4)	Ecuador	**14,4** (8,9 - 20,9)
22,2 (15,6 - 29,8)	Bolivia	**12,1** (6,9 - 18,4)
19,5 (13,3 - 27,1)	Paraguay	**13,1** (8 - 19,4)

Tal vez estos números nos parezcan fríos, distantes y lejanos; nos cuesta identificarnos con estadísticas y datos duros. Pero es importante que los traslademos a nuestra cotidianeidad. *¿Cuántos niños con problemas de peso hay actualmente en el grado de tus hijos? ¿Cuántos niños con problemas de obesidad conoces o hay en tu familia?* Cuando les damos nombre a estos números, tomamos conciencia y entendemos que el problema sucede aquí y ahora.

Con el paso del tiempo, y el consecuente cambio de hábitos del que ya hemos hablado, lo que hasta hace una década era una excepción, hoy se ha convertido en una regla. ¿A qué me refiero con esto? **A que 4 de cada 10 niños en edad escolar tiene problemas con su peso, y a que probablemente la mayor parte de ellos serán adultos obesos**. A su vez, y como consecuencia, esto implica que probablemente, en algunos años, las guardias médicas se encuentren colapsadas de pacientes diabéticos e infartos tempranos.

Por eso, hoy sabemos que el riesgo de la mayoría de las enfermedades no transmisibles resultantes de la obesidad depende en parte de la edad de inicio y de la duración de la obesidad. La obesidad en la infancia y la adolescencia tienen consecuencias para la salud tanto a corto como a largo plazo.

El Dr. Adrián Cormillot, cita en su libro *La comida no engorda* una frase que alarma: *"Por primera vez en la historia, nuestros hijos vivirán menos años que sus padres"*, tal como quedó demostrado en un estudio publicado en 2005 en el prestigioso *The New England Journal of Medicine*. En este estudio, el Dr. Jay Olshansky afirma que la expectativa de vida de los seres humanos, que había mostrado un aumento sostenido durante miles de años, había comenzado a disminuir en las últimas tres décadas a causa

de nuestros hábitos de alimentación poco saludables y a la poca actividad física. **Por lo tanto, nuestra responsabilidad es hacer algo ya, hoy mismo y descartar la frase "el lunes arrancamos".**

¿Qué tenemos que hacer? ¿Es muy complicado? ¿Es más costoso?

¿Hay que prohibir a los chicos para siempre las hamburguesas, las papas fritas y las gaseosas?

¿No llevarlos a los cumpleaños?

¿Nunca más organizar un asado?

¿Tirar todas las golosinas que tenemos en casa?

La respuesta es NO. No hay que hacer nada de eso. Este tipo de conductas no sirve. Prohibir no sirve. Demonizar alimentos tampoco. Las dietas restrictivas son insostenibles, no funcionan en los adultos, y mucho menos con los niños. **El punto de partida es la vida real de nuestras familias, la cotidianeidad de cada uno de nosotros. Sin complicarlo ni hacerlo difícil o inaccesible.** Durante mucho tiempo, y sin ningún tipo de evidencia científica, las familias recibimos todo tipo de instrucciones, indicaciones y detalles de cómo, cuándo y cuánto hay que darle de comer a los niños. Indicaciones, por cierto, bastante contradictorias porque lo que indicaba un médico, lo contraindicaba otro. Volvimos compleja la alimentación infantil, y nos añadimos el miedo de "hacerlo mal". Tanto que, en muchos casos, ante la duda, "lo compramos hecho, porque seguro que así está bien" y no confiamos en nuestro sentido común.

¿De qué manera podemos mejorar nuestros hábitos?

¿Cómo hacemos para disminuir un poco las porciones, elegir un método de cocción alternativo, incorporar frutas como postre en algunos almuerzos, sustituir las gaseosas regulares por otras sin azúcar?

¿Hay algún misterio?

¿Existe alguna receta mágica?

Una respuesta posible la aporta el Dr. Carlos González citado por las autoras Karina Eilenberg y Sabrina Gatti Wosner en su libro *Yo amo comer*: *"No se trata ahora de aprender un método nuevo y misterioso, sino de recuperar lo que hacían nuestras abuelas, y que hacían miles de mamás antes que ellas. Y ojalá podamos recuperar también un poco de la dieta de nuestros antepasados; comida más casera, muy poca sal, muy poca azúcar, dulces para las fiestas y beber agua"*.

En las páginas de este libro voy a sugerir varias estrategias. Para empezar, elige una y luego otra para ir probando. Es posible que, con el transcurso del tiempo, compruebes que estás comiendo mejor y reemplaces el concepto "estoy a dieta" por "me alimento sano". No creo en las dietas estrictas, en las prohibiciones ni en los productos milagrosos; por el contrario, soy partidaria de adoptar cambios de hábitos de manera gradual. Si bien en cuestiones alimentarias son necesarias ciertas concesiones o negociaciones, llega un momento en el que se vuelve necesario tomar decisiones y hacernos cargo del rol adulto que desempeñamos en relación con los niños.

Somos los adultos los que tenemos la gran responsabilidad de elegir el tipo de alimentación, y en este aspecto no existen los términos medios. *¿Qué camino elegimos? ¿Dejar todo como está o comenzar a cambiar?* Si entendemos que los chicos se enferman porque están engordando, y que esto es un riesgo para su salud, creo que no quedan dudas de que debemos empezar a cambiar ya. La salud de nuestros hijos no depende solamente de sus primeros meses de vida, sino de los hábitos alimentarios formados durante los primeros años y la única forma de mejorar esto es que los papás comamos más sano.

Tenemos que hacernos cargo de lo que comen nuestros niños.

Si esta es tu decisión, este libro es para ti.

Voy a brindarte las herramientas necesarias para que este cambio sea real y puedas comenzarlo hoy mismo. La idea no es profundizar en temas médicos, nombres raros, estadísticas y patologías. No quiero que tu objetivo sea que tus hijos *"se coman todas las verduras"* y *"amen absolutamente todas las frutas"*. Tampoco que sepas de memoria los beneficios de cada nutriente. Quiero que nos detengamos en este presente y nos conectemos con la oportunidad que tenemos como adultos de cuidar a nuestras familias, de compartir la alimentación y de respetar y acompañar los momentos de cada niño. Este es el punto de partida del camino hacia un cambio real y concreto que formará buenos hábitos que se perpetuarán durante toda la vida de los chicos, mejorando su calidad de vida. Olvidemos los mandatos, los prejuicios y las creencias y empoderémonos de nuestras decisiones. Podemos cambiar esta realidad sin que signifique una carga, volviendo a lo simple, a lo natural, a lo fresco, a lo casero. Se trata de comer de todo, pero sin excesos. Frutas, verduras, lácteos descremados, cereales integrales, agua, carnes y huevos. Variado y en su medida. Como sostienen las autoras de *Yo amo comer*: *"La ciencia investiga, nos ayuda a evolucionar, nos invita a repensar nuestro presente y a aventurarnos a un futuro interesantísimo en numerosos ámbitos de la vida. Pero por ahora no ha aparecido nada que modifique nuestra biología y nuestras necesidades. Que haga que hoy necesitemos cosas que antes no y viceversa. Lo que requiere nuestro organismo para estar sanos, en términos de alimentación, es lo mismo de siempre. Solo que hoy a los adultos nos hace falta descubrirlo".*

ALGUNOS CONCEPTOS BÁSICOS

Cuando hablamos de obesidad nos referimos al exceso de grasa corporal. Sí, comemos más y nos movemos menos. Desde hace millones de años estamos programados para responder a las necesidades energéticas del estilo de vida prehistórico donde la caza y la recolección nos sometían a una actividad física diaria muy intensa y donde había períodos de abundancia de alimentos y otros de hambruna. Es decir, nuestros genes están diseñados para ahorrar. **Para ser más claros, "lo que nos sobra" se almacena en forma de grasa "por si alguna vez nos falta".**

En la actualidad, el acceso al alimento cambió, hay sobreabundancia y la industria alimentaria se ha encargado de diseñarlos para que tengamos ganas de comer aunque no tengamos hambre. Hemos aumentado el consumo de alimentos con alto valor calórico, presentados en tamaño reducido tales como las golosinas y los snacks. Además, también se ha modificado nuestra forma de obtener energía. Ya no necesitamos caminar largas distancias para obtener comida y podemos esperar la llegada del *delivery* muy cómodamente sentados en nuestro sillón. El sedentarismo se ha instalado entre nosotros. **"Entonces, si estamos programados para ahorrar "por si falta" pero nunca falta, seguimos guardando y guardando. Acumulamos grasa y engordamos",** tal como afirma Adrián Cormillot en su libro.

Los tiempos y nuestros hábitos han cambiado, pero nuestros genes no. Con lo cual, el medioambiente nos está haciendo engordar.

¿DE QUÉ HABLAMOS CUANDO HABLAMOS DE NUTRICIÓN?

La Organización Mundial de la Salud la define como *"la ingesta de alimentos en relación con las necesidades dietéticas del organismo"*. Las bases de una buena nutrición, que supone consumir una dieta suficiente y equilibrada, combinada con el ejercicio físico regular, constituyen los pilares fundamentales para disfrutar de una buena salud. Garantizar una alimentación infantil sana implica que, ya desde la gestación, los aportes nutricionales sean los adecuados.

Si bien desde hace unos años la nutrición es considerada como uno de los hábitos más relevantes para poder vivir una vida más saludable, y esto ha ganado espacio en el mundo de los adultos, hace falta terminar de comprender que debe extenderse también a la población infantil. Día a día se suman nuevas evidencias que muestran que los trastornos nutricionales, y especialmente el exceso de peso en la edad infantil y juvenil, son la principal puerta de entrada a la obesidad en la vida adulta con sus consecuentes complicaciones en desmedro de la calidad de vida.

Desde siempre, la imagen corporal, la *"forma del cuerpo"*, ha sufrido las influencias de los diferentes modelos de belleza impuestos por la industria *fashionista*. Lo mismo sucede con la delgadez extrema. El modelo del *"cuerpo ideal"* se ha ido modificando de acuerdo a la época. En los años cincuenta, el cuerpo voluptuoso y con curvas era sinónimo de belleza. Luego, en la década de los sesenta, la modelo británica Twiggy transformó el paradigma por completo. La delgadez se convirtió en la nueva aspiración para toda una generación, acompañada por el *look* andrógino. Twiggy o *"Ramita"*, como la llamaban por sus delgadas piernas, se convirtió, con tan solo 16 años, en el nuevo modelo de belleza que, por cierto, se prolongó durante mucho tiempo. Lo mismo sucedió con el inicio del tercer milenio: modelos como Kate Moss y Cara Delevingne, con sus cuerpos ausentes de curvas, y actrices como Keira Knightley o Natalie Portman, son claros ejemplos de esta tendencia.

Fui adolescente en los años noventa, y recuerdo perfectamente la admiración que estas figuras me provocaban. En ese momento mis amigas y yo las creíamos perfectas, las endiosábamos solamente por su extrema delgadez y, en más de un caso, esa obsesión por imitarlas provocó en alguna de nosotras conductas alimentarias poco saludables: dietas restrictivas, hábitos compensatorios, consumo de supuestos productos milagrosos para bajar de peso, etc., etc. Todas queríamos entrar en el mismo talle de Kate que, por entonces, era la imagen de una marca de jeans muy conocida. Nos sentíamos casi *"obligadas"* a consumir esa forma de vestir, a seguir la última tendencia, porque esto nos situaba en un lugar de aceptación y éxito social. La felicidad parecía ir de la mano del talle de jean de nuestra modelo favorita como si, de alguna manera, nuestra *"realización"* dependiera de esto. Recuerdo haber discutido con mi mamá en más de una oportunidad por este motivo. Afortunadamente, ella estaba atenta a estas cuestiones y podíamos conversar al respecto. Lo cierto es que, en ese momento, no había tanta conciencia de las graves consecuencias que estas conductas podían ocasionar. La

extrema delgadez era sinónimo de perfección y de belleza, y además, la valoración social que se hacía de la mujer, la incluía como un requisito que se asociaba con la aceptación y el éxito (en otras palabras, *si eras flaca tenías éxito con los chicos y eras feliz*). Como es natural, a los 14 años no medíamos las consecuencias y solo queríamos llegar a tener o parecernos al cuerpo de Kate Moss. Así que teníamos dos caminos, intentar alcanzar esa delgadez con conductas poco saludables o frustrarnos en el vano intento de buscar un imposible. Y para los adolescentes, con el cuerpo y la psiquis en pleno desarrollo, esto tiene un costo alto.

Soledad Catalano, Licenciada en Psicología especialista en trastornos alimentarios y obesidad, explica: *"Los medios y la moda tienen mucha influencia en los disparadores de los trastornos alimentarios. Si bien no existe un único factor, es cierto que a través de ellos se transmite una idea de delgadez inalcanzable para la mayoría de los adolescentes y jóvenes. Los medios, y con ellos me refiero a la televisión, las publicaciones, la industria de las dietas y todo lo relacionado con la moda, transmiten un mensaje que instala un estereotipo de cuerpo inalcanzable. Sin dudas, esto genera un impacto en el plano emocional y de autoestima e incluso en el de las propias creencias en cuanto a lo que uno debería o no debería hacer. Cada época ha implantado su ideal de mujer, y nuestra época actual está atravesada por el ideal de la mujer delgada, joven y atractiva, portadora de un cuerpo perfecto, caracterizado por determinadas formas y no por otras".*

No es lo mismo hablar de ideal de delgadez que de ideal de salud. En pos del ideal de delgadez, los adolescentes adoptan conductas extremas para intentar parecerse a "la súper figura de moda". Allí surgen los comportamientos para controlar el peso, como las alteraciones en los requerimientos nutricionales o el ejercicio excesivo, que pueden ser nocivos para la salud y que solo buscan la delgadez de una manera no realista ni saludable. A diferencia de esto, en el ideal de salud el objetivo es tener un cuerpo saludable que permita una buena calidad de vida. **Es importante transmitir con claridad a las poblaciones de riesgo, niños y adolescentes, la diferencia entre ambos paradigmas, ya que se hallan en pleno desarrollo y estructuración de la realidad. Esta es una tarea de los padres, las familias, los colegios, en tanto facilitadores de una visión crítica acerca de estos estereotipos impuestos por la moda y los medios.**

ACTUALIDAD Y RASGOS CULTURALES DE RIESGO

Nuestra sociedad tiene rasgos culturales de riesgo. Los medios masivos de comunicación nos invaden con todo tipo de imágenes en las que el mensaje implícito es *"con esta imagen serás aceptado, amado, exitoso, feliz"*. Instalan estereotipos que impactan en la valoración personal, la autoestima y el autoconcepto de los niños y adolescentes que, debido a ellos, pueden atravesar una sensación fuerte de inadecuación *"si no son de la manera que ellos proponen"*. Cada día se observa más en los consultorios que la edad de inicio de los desórdenes alimenticios, o bien de las alteraciones leves en este plano, como la insatisfacción con el propio cuerpo y la imagen, es más temprana. Niñas de 6, 7 y 8 años llegan a la consulta traídas por sus padres preocupados por algunas señales de alarma tales como que sus hijas expresan que empezaron a verse mal. En mayor o en menor medida, los estereotipos impuestos nos impregnan a todos pero, en determinadas etapas de la vida, no encajar con "el modelo aceptado" implica quedar afuera y soportar las consecuencias que esto genera, entre ellas, la discriminación y el famoso *bullying*. También es habitual escuchar a las adolescentes decir que *"para la fiesta de 15 tengo que llegar con determinado peso para que me entre el vestido"*. Por esto, y como parte de la educación alimentaria y de la prevención, es importante comenzar a tomar conciencia de la importancia de llevar adelante hábitos de alimentación saludable desde la infancia. *¿Por qué en las escuelas no hay kioscos saludables?* Todavía hoy los niños tienen acceso a alimentos poco convenientes. La obesidad en la infancia es un factor de riesgo para desarrollar un trastorno alimentario en la adolescencia. Esto se vuelve visible en el consultorio; cuando se analiza la historia de los adolescentes que llegan a la consulta con trastornos de la alimentación observamos en muchos casos, entre sus antecedentes, infancias con sobrepeso u obesidad, ambientes obesogénicos o entornos en los que la obsesión por el cuidado de la imagen y la comida era extrema.

Afortunadamente, la primera década de los 2000, da señales de un giro positivo. Se comienza a reivindicar una nueva tendencia que presenta mujeres con cuerpos reales, curvas y siluetas definidas, tales como como Jennifer López, Beyonce o Scarlett Johansson. Modelos como Heidi Klum o Gisele Bundchen también representan el modelo de esta época y otras, más jóvenes, como Gigi Hadid y Kendall Jenner, marcan el fin de la era 90-60-90. Hoy, en que la tecnología, la globalización, las redes sociales, el photoshop, los blogs y las *it girls* son los nuevos referentes de los ideales de belleza, se empieza a conceder espacio a la gente que está fuera de los antiguos ideales estéticos y que establece sus propios ideales, sus propias reglas. Se intenta que el ideal de belleza se caracterice por la fidelidad a uno mismo, a la propia naturaleza, a la belleza natural, al propio estilo y a lo que cada uno considera bello. Por ejemplo, revistas como *Vogue* y *Cosmopolitan*, que marcan tendencia a nivel mundial, han comenzado a incluir en sus tapas modelos que rompen con el estereotipo de la mujer híper delgada. Esto no significa que ser muy delgada no sea sano, sino que lo que no resulta conveniente es que el único modelo aceptado de cuerpo de mujer sea el de la extrema delgadez olvidando otras formas corporales. Si bien se trata solo del comienzo, la tendencia a la inclusión y la incorporación de patrones más cercanos a lo natural, debería profundizarse con una consiguiente nueva conceptualización de la belleza ahora definida como la expresión directa de un cuerpo SANO y no como la representación del cumplimiento de medidas arbitrarias y preimpuestas. Estamos en el inicio, todavía falta despertar a una mayor conciencia. Tenemos pendiente comprender que ni la extrema delgadez ni el sobrepeso ni la obesidad se relacionan solamente con un problema estético, sino que son ante todo un problema de salud concreto.

SALUD, PREVENCIÓN E INFORMACIÓN

Cuando hablamos de salud no nos referimos solamente a la ausencia de enfermedad. El concepto de salud se refiere a un estado de total bienestar en los planos físico, mental y social. Somos nosotros los que, con cambios muy sencillos —como beber más agua, comer más frutas y verduras, realizar un chequeo médico anual, entre otros—, podemos favorecer nuestro estado de salud.

Durante los primeros años de vida, los patrones alimentarios familiares ejercen una influencia decisiva en los hábitos del niño. Es decisiva porque los efectos de esta influencia se extienden en el tiempo. Según sean, saludables o no, van a influir positiva o negativamente en la calidad nutricional de los niños y, en consecuencia, en su salud a corto, mediano y largo plazo. Es necesario tener presente que la infancia es la primera etapa del desarrollo físico, psíquico y social de la persona, y que por lo tanto resulta crucial la atención y el cuidado que le brindemos para favorecerlas en su futuro.

Resulta paradójico que, mientras los niños continúan engordando, vivimos rodeados de información —difundida por los medios de comunicación, libros y artículos— que promueve un retorno a la comida natural, casera, que propone un lento alejamiento de los alimentos industrializados, cargados de grasa y azúcar. Información diversa que nos ofrece distintas alternativas que van desde el armado de la propia huerta, el consumo de alimentos de producción orgánica, la elaboración casera de los alimentos y otros tantos. *¿Por qué esta contradicción?* Quizá porque haya llegado el momento de decidir un cambio, hoy mismo y ahora. No hace falta una gran estrategia ni el plan más efectivo para llevarlo a cabo. Como *"no tenemos tiempo"* y lo creemos difícil y radical, nos complicamos, nos asustamos, nos paralizamos y lo dejamos para mañana. Muchas veces esta postergación implica perder una importante herramienta: la prevención. Y hoy, la prevención es el arma con mayor potencial para evitar enfermedades no transmisibles como la obesidad. La educación, en tanto medida preventiva, también constituye otro elemento fundamental, tanto es así que la OMS sitúa la prevención no solo desde la infancia, sino incluso antes del nacimiento.

Desde el período prenatal ya se puede intervenir de forma activa en los estilos de vida. En este caso, mediante información que se le ofrece a la mamá, se trata de lograr que los niños tengan un inicio de vida sano. Este concepto va más allá de la salud perinatal en general, ya que se trata de que también la población infantil inicie su vida con hábitos saludables. La actuación sobre los estilos de vida en las mujeres embarazadas es, por lo tanto, un paso más en la mejora de su salud, pero además es un primer paso en la vida saludable de los niños por nacer.

El apoyo para una salud mejor en la infancia y adolescencia consiste en prevenir el exceso de peso de manera que los futuros adultos sean capaces de conocer los beneficios de una dieta equilibrada, el consumo de frutas y verduras, y la práctica de actividad física.

El primer paso para llevar adelante la prevención desde el hogar es la información. Es decir, incorporar los conocimientos básicos que nos permitan entender que la forma en que nos alimentamos tiene consecuencias muy importantes sobre la salud. Los hábitos alimentarios saludables y la práctica de actividad física de forma regular son la base de esos conocimientos. No se trata de un plan extraordinario sino de incluir pequeños cambios en cada comida, decisiones concretas que mejoren los hábitos familiares. Informarnos, educarnos y empoderarnos para actuar hoy. Los niños están engordando ahora, y de esto depende su salud futura. Dejemos de lado las dudas y pasemos a la acción. Si tu pediatra indica un antibiótico para tu hijo, no te cuestionas si se lo vas a dar o no. Se lo das porque quieres que se cure y esté sano. Entonces, ¿por qué no actuamos de la misma manera con la alimentación?

LA INDUSTRIA ALIMENTARIA Y LA OBESIDAD INFANTIL

La industria alimentaria y el marketing de los alimentos no suelen promover las elecciones más convenientes y tienden a invitar al sobreconsumo. Según sus mensajes, lo importante es el acopio de alimentos, comprarlos por comprarlos, como si en algún momento se fueran a terminar.

Por otra parte, cuando están frente a la pantalla, los niños reciben información que no siempre los estimula para una vida saludable. Gran parte de las publicidades proponen las ventajas de diversas clases de alimentos que posiblemente, consumidos en exceso, conduzcan a la obesidad infantil. La OMS y numerosos estudios internacionales informan que los niños de entre 2 y 17 años de edad ocupan en promedio 2,5 horas por día en ver televisión (sin agregar las que dedican al resto de las pantallas como celulares, tablets, ipad). Dentro de este tiempo están expuestos a un promedio de una publicidad de alimentos principalmente no saludables cada cinco minutos (cerca de treinta por día), haciendo uso de avanzadas estrategias de marketing y persuasión. En Argentina, dos de cada tres publicidades de alimentos pertenecen al grupo de los poco convenientes. Las estrategias publicitarias más utilizadas son las promociones y la asociación de los productos alimenticios a emociones positivas: diversión, felicidad, juego, fantasía, imaginación, integración social y aceptación de los pares. Además, la publicidad de alimentos es más intensa durante el periodo de programación infantil que durante la banda dirigida a la audiencia general. En 2004, la Organización Mundial de la Salud (OMS) pidió a los gobiernos llevar a cabo acciones para reducir los mensajes publicitarios de alimentos no convenientes. Para los países de América latina y del Caribe, la Organización Panamericana de la Salud (OPS), ha establecido directrices y normas respecto de la comercialización y publicidad de alimentos que van dirigidas a los niños. Desde entonces, la industria ha desarrollado métodos de autorregulación. Sin embargo, las nuevas reglamentaciones no han sido lo suficientemente claras como para observar modificaciones importantes en la publicidad destinada a los niños.

Los niños pequeños no cuentan con la capacidad de diferenciar entre publicidad y dibujos animados. Esto los vuelve ampliamente receptivos y vulnerables a mensajes que los conducirán a elecciones poco saludables o a insistir a sus padres para que les compren determinados productos. Actualmente se agrega, además, la publicidad que abunda en redes sociales conocida como la *"amenaza del marketing digital"* que tiene como ventaja un costo inferior para la industria alimentaria. En consecuencia, la infancia está expuesta a un bombardeo permanente que le explica que lo rico y lo divertido son las gaseosas, los snacks, las golosinas o los alimentos indulgentes.

Múltiple información puesta al alcance de todos. Si observamos específicamente la alimentación adulta, la difusión de contenidos es variada y excesiva: consejos, dietas mágicas, productos milagrosos, recomendaciones, creencias y mitos (*"el limón en ayunas quema grasas"*, *"comer sano es más caro"*, *"para adelgazar hay que dejar las harinas"*, *"la leche es mala"*, entre otras). Intenta buscar en tu navegador *"¿cómo bajo de peso?"*. Yo hice la prueba y me sorprendí con la cantidad de contenido que arrojó la búsqueda, gran parte de ella sin sustento científico, y por esto, en muchos casos fuente de riesgos para la salud de las personas. Si no fuera nutricionista, me confundiría muchísimo y no sabría por dónde empezar ni a quién creerle. Esta realidad es motivo de preocupación para los profesionales de la salud, porque es nuestra responsabilidad educar y alertar en esta materia. En el marco del Congreso Internacional de Nutrición, un equipo de especialistas presentó los resultados de una encuesta realizada por KANTAR/TNS que muestra que el 50 % de los encuestados considera a los médicos nutricionistas una fuente de información, el 42 % a los sitios web y las revistas, y un 31 % a las *celebrities*. Preocupante. Porque entonces no solo asistimos al problema de la obesidad en la infancia, sino que también a que la búsqueda de la información y el tratamiento se está realizando en el sitio incorrecto. Respecto de las notas que se difunden en torno a los alimentos y la alimentación, un relevamiento realizado por la agencia de auditoría de medios, Ejes de Comunicación, muestra que de un total de 1 033 notas relevadas en el último año, el 47 % de estas no poseen validación científica ni referencias académicas. Por otra parte, el 58 % son de información general sobre alimentación, el 42 % expone distintas versiones sobre dietas, de las cuales el 23 % son de dietas restrictivas y el 19 % de dietas balanceadas. Esto significa que solo dos de cada diez *"dietas de internet"* cubren los requerimientos nutricionales de una persona, sin considerar que ni siquiera se trata de una dieta *"personalizada"*.

Sí. ¡Estamos INFOXICADOS!

Argentina tradicionalmente tiene problemas de desnutrición infantil, y esta es una circunstancia que persiste aún en los sectores más pobres de la población; sin embargo, el mayor problema no parece ser la falta de alimentos sino su calidad. Según datos de 2010, provenientes de la Base de Datos Global sobre Crecimiento Infantil y Malnutrición de la OMS, Argentina presenta el mayor porcentaje de obesidad infantil en niños y niñas menores de 5 años en la región de América latina, con un 7,3 % de prevalencia. Asimismo, una encuesta reciente realizada por el Centro de Estudios de Nutrición Infantil (CESNI), señala que uno de cada 3 niños no desayuna y que el 25 % de los que sí lo hacen no beben leche en el desayuno. En cambio, la mitad consume frecuentemente salchichas y hamburguesas, y también un elevado porcentaje elige bebidas azucaradas como gaseosas y jugos. Por su parte, el Ministerio de Salud de la Nación, informa que Argentina, México y Chile muestran las ventas anuales de productos procesados *per cápita* más altas de la región: Argentina (194,1 k), México (164,3 k) y Chile (125,5 k). Argentina lidera el consumo de bebidas gaseosas con 131 litros anuales *per cápita*. México, Argentina, Brasil, EE.UU. y Australia son los cinco países con mayor consumo de azúcar agregada del mundo, ya que se triplica lo establecido por la OMS que recomienda hasta un 10 % de la ingesta calórica diaria. En los últimos veinte años, en Argentina se duplicó el consumo de gaseosas y jugos en polvo, pasando de medio vaso a un vaso de gaseosa por día por habitante. Por su parte, el consumo de frutas disminuyó un 41 % y el de hortalizas un 21 % comparado con el mismo periodo. No es de extrañar entonces que un tercio de los niños encuestados de entre 9 y 13 años consuma el doble de las calorías necesarias para su edad.

¿**Qué alternativas tenemos para revertir esta situación?** Tal vez sea la hora de comenzar a estar atentos a nuestros hábitos alimentarios, asumir el poder que cada familia posee para cuidar y proteger la salud de sus integrantes mediante las mejores decisiones posibles que mejoren la alimentación de cada uno.

EL ROL DE LA FAMILIA

Leemos en el artículo *"Influencia familiar sobre la conducta alimentaria y su relación con la obesidad infantil"*, de Domínguez-Vásquez, Olivares y Santos, (Departamento de Nutrición, Diabetes y Metabolismo, Facultad de Medicina, Pontificia Universidad Católica de Chile, Instituto de Nutrición y Tecnología de los Alimentos (INTA), Universidad de Chile):

"Los modos de alimentarse, preferencias y rechazos hacia determinados alimentos están condicionados por el contexto familiar durante la etapa infantil en la que se incorporan la mayoría de los hábitos y prácticas alimentarias. La familia influencia el contexto alimentario para la elección de la alimentación de los niños, en aspectos como el tipo, cantidad y horarios de alimentación, así como edad de introducción de los mismos. Los modelos de alimentación infantil aplicados por la familia, están basados en la disponibilidad de alimentos en el hogar, las tradiciones familiares, el acceso a medios de comunicación y la interacción con los niños durante la comida. La exposición repetida del niño a estos modelos familiares, genera un estímulo condicionado que asocia determinados alimentos con eventos específicos (fiestas, castigos, estaciones, entre otros), ejerciendo un efecto

modulador sobre su comportamiento alimentario. Como consecuencia del refuerzo positivo de la conducta derivado de las experiencias de alimentación, los niños adoptan las preferencias alimentarias y costumbres familiares que le resultan agradables, seleccionando las conductas que repetirán en el futuro. Existen evidencias que indican que el patrón de conducta alimentaria familiar tiene un papel relevante en el comportamiento de alimentación del niño, constituyendo un factor modificable para la prevención de la obesidad infantil".

HÁBITOS

Los padres pueden contribuir a crear y mantener un estilo de vida sano. Generalmente, los niños seleccionan alimentos que se sirven con más frecuencia, fácilmente disponibles y listos para comer porque sus padres les transmiten esos hábitos. Un hábito es un patrón automático, lo repetimos casi sin pensar, mecánicamente. Por ejemplo: cepillarnos los dientes o atarnos los cordones de las zapatillas. Cuando estas acciones se convierten en hábitos, las incorporamos y las llevamos a cabo casi sin pensar. Cualquier hábito está formado por tres componentes: 1) una señal o aquello que activa el hábito, 2) una rutina, lo que hacemos en el hábito, y 3) una recompensa, aquello por lo que nuestro cerebro sabe que vale la pena realizarlo. Veamos ejemplos concretos de hábitos poco saludables: estar todo el día quietos, comer alimentos poco convenientes, no desayunar, saltear comidas, dormir poco, fumar, son algunos de ellos. Cada uno de nosotros *"sabe"* que debería cambiarlos, pero en ciertas situaciones se nos dispara el *"piloto*

automático" y la eficiencia del hábito poco saludable adquirido nos dificulta elegir una conducta diferente. Sin embargo, la buena noticia es que esos hábitos pueden ser modificados o reemplazados por otros y que solo depende de nuestra decisión hacerlo. Solo se trata de reeducar a la mente, de crear nuevas "autopistas" para llegar a un mejor destino.

Al principio, los carriles de entrada hacia estas nuevas "autopistas" serán lentos y nos costará entrar. Pero, a medida que circulemos por ellas de forma regular, se convertirán en nuevas autopistas por las que ya no nos cueste circular. La cuestión es que si las autopistas que queremos transitar nos resultan demasiado lentas y costosas, es decir, si aquello que nos proponemos requiere demasiado esfuerzo, nuestra mente, a la que le cuesta cambiar los hábitos ya adquiridos –precisamente porque no le resultan costosos–, se revelará y hará todo lo posible por sabotear estas nuevas iniciativas. En consecuencia, este es el secreto: cuando quieras cambiar hábitos e incorporar uno nuevo, empieza por algo fácil y que no te genere estrés. Algo pequeño, acotado, concreto, medible. Por ejemplo: comienza a cambiar el libre acceso a las galletitas y los snacks. ¿Cómo? Almacenándolos en recipientes que no sean transparentes en el interior de las alacenas. Otros ejemplos: coloca en lugares visibles y de fácil acceso las fruteras con variedad de frutas, bebe un vaso más de agua por día, reemplaza frituras por horneados. Un error habitual, que instala hábitos no saludables, es utilizar el postre como premio para una alimentación sana. Usar un dulce como premio fomenta una alimentación menos conveniente ya que numerosos estudios demuestran que los niños cuyos padres usan los alimentos para estimular conductas positivas, manifiestan una mayor preferencia por lo que se les ofrece como premio. La alimentación saludable no tiene que ser necesariamente un truco para lograr un objetivo.

Quedó demostrado que los niños que se sientan a la mesa para comer con sus familias, disfrutan de dietas más saludables. Además, los niños se comunican más con sus papás cuando comen en familia. **Convertir la cena en un acontecimiento familiar, aunque la misma se limite a una comida simple y saludable, estimula una actitud sana. Pero un hecho más importante aún es que los padres sirven de ejemplo para la alimentación saludable de sus hijos, y son agentes claves en el inicio de cambios de conducta relacionados con los alimentos.**

Es importante entonces saber que las modificaciones ideales son aquellas que estén a tu alcance en este momento. No se trata de plantearse la perfección absoluta, sino de ir introduciendo de manera paulatina pequeñas modificaciones. El poder del cambio de hábitos alimentarios está en manos de los adultos, de cada uno de nosotros. Si comprendemos los motivos por los cuales es imprescindible tomar decisiones convenientes para la salud presente y futura de los niños, entonces la motivación para llevarlas adelante fluirá de manera natural. Por el contrario, los grandes objetivos nos alejan y nos ubican en algo futuro. Se trata de pensar en un cambio por vez, que no genere mucho esfuerzo, conociendo el motivo y enfocándose en el placer de realizarlo. Establece un plan bien claro para este nuevo hábito: *cuándo lo harás y qué necesitarás para hacerlo, cuánto tiempo te demandará, en qué va a consistir.* Es muy importante que tengas presente cual será tu recompensa, eso mantiene alta tu motivación.

Recuerdo el caso de Lorena. Ella llegó a mi consultorio con el deseo de bajar de peso. Hacía mucho que había dejado de hacer actividad física, pero su intención inmediata era salir a caminar una hora todos los días. Lo cierto es que esa meta no era imposible, pero sí poco sostenible ya que le implicaría mucho esfuerzo comenzar de un día para el otro y posiblemente el intento de cambio de hábito acabaría frustrándose. En contrapartida, le pedí que escriba qué día, a qué hora, por dónde y con quién saldría a caminar una vez por semana durante 5 minutos. Tengo todavía grabada la expresión de asombro de Lorena: *"¡¿5 minutos nada más?!"*. Con lo cual el objetivo se modificó a salir a caminar sola, los días martes, por la plaza, durante 5 minutos luego de dejar a sus hijos en la escuela. Era muy posible que a Lorena no le implicaran mucho esfuerzo esos 5 minutos iniciales y se quedara con ganas de más, pero lo importante fue que pudo planificar en su agenda un pequeño espacio que la sacara de ese lugar de sedentarismo absoluto. Lorena pasó de no caminar ni hacer actividad física a tener un plan de acción. Luego de varios meses de ir aumentando el tiempo de caminata, logramos que camine 40 minutos, 3 veces por semana. Hoy caminar ya es parte de su rutina y logró automatizarlo. Para ella son naturales y hasta necesarias esas caminatas.

Así como lo hizo Lorena, me gustaría que tú que estás leyendo este libro pudieras mejorar algunos de tus hábitos. Por eso incluyo en la segunda parte un plan de acción alimentaria como guía y acompañamiento para todos los padres. Para simplificar aquello que te propongas, quiero que te empoderes y te plantees estos cambios con la confianza de que serán hábitos que irás incorporando de manera gradual con el firme objetivo de sostenerlos en el tiempo. Elige uno y empieza ahora. Ni siquiera esperes a terminar de leer este libro.

Antes de pasar a la siguiente parte quiero hacerte una aclaración muy importante: toda la información que propongo y ofrezco desde mi profesión de nutricionista constituye solamente una sugerencia posible y cierta, pero de ninguna manera reemplaza o contradice la consulta con el pediatra o profesional de la salud que corresponda en cada situación puntual.

Ahora sí: ¿qué hábito quieres cambiar? ¿Por qué? ¿Cómo lo vas a lograr? ¿A partir de cuándo vas a empezar? ¿Qué necesitas para lograrlo?

Las páginas que siguen te ayudarán a establecer un plan, organizarte y recibir información para simplificarlo y hacer posible tu cambio de hábitos alimentarios.

¿Empezamos?

¡A COMER!

#NoalaObesidadInfantil

SEGUNDA PARTE:
ALIMENTACIÓN SALUDABLE EN ACCIÓN

Antes de comenzar a trabajar con nuestro plan de acción para mejorar nuestros hábitos y alimentarnos saludablemente, vamos a repasar algunos conceptos clave.

LA OBESIDAD

Es una enfermedad crónica (no se cura) que se caracteriza por un exceso de grasa debido a un desequilibrio en que el consumo de alimentos excede el gasto de energía durante un tiempo prolongado. Esto se traduce en un incremento en el peso. Se la considera una afección sistémica porque afecta el funcionamiento físico, emocional y social.

¿Es hereditaria? Si bien la carga genética puede predisponer a la obesidad, el consumo en forma excesiva de alimentos ricos en azúcares y grasas y el sedentarismo constituyen los factores que la provocan.

¿CÓMO SABEMOS QUE UN NIÑO TIENE PROBLEMAS CON SU PESO?

El que debe diagnosticarlo es el profesional de la salud en la consulta, ya que para evaluar el crecimiento y el peso de un niño, el pediatra se vale de datos llamados **indicadores.** Estos se analizan en relación con la edad, la talla (la altura) y el sexo. Un diagnóstico adecuado de obesidad requiere además de un examen físico y de la historia alimentaria del niño.

La Organización Mundial de la Salud (OMS) creó **patrones de crecimiento infantil** para describir el crecimiento infantil adecuado. Los mismos demuestran que todos los niños de las principales regiones del mundo pueden alcanzar estatura, peso y grado de desarrollo similares, si se les proporciona una alimentación adecuada, una buena atención de salud y un entorno saludable. Se trata de un método más proactivo para medir y evaluar el crecimiento de los niños, fijando unos parámetros normativos y evaluando a los niños y a las poblaciones con arreglo a dicho patrón. En este sentido, una característica clave del nuevo patrón es que establece la lactancia materna como la "norma" biológica y al lactante alimentado con leche materna como patrón de referencia para determinar el crecimiento saludable. Al respecto, la OMS señala: *"La leche materna es el mejor alimento que una madre puede ofrecer a su hijo recién nacido. No solo por su composición, sino también por el vínculo afectivo que se establece entre la madre y su bebé durante el acto de amamantar. La leche materna contiene todo lo que el niño* necesita durante sus primeros meses de vida, protege al bebé frente a muchas enfermedades. Las mujeres que amamantan a sus hijos pierden el peso ganado durante el embarazo más rápidamente, y difícilmente padecerán anemia, hipertensión y depresión posparto. No importa si tienes los senos grandes o pequeños, el tamaño del pecho no influye en la lactancia materna. La leche materna es el mejor alimento que una madre puede ofrecer a su bebé por ser el más completo, ya que además de contener todos los nutrientes que el bebé necesita para su crecimiento, incluye los anticuerpos maternos que lo inmunizan frente a ciertas enfermedades. La leche materna es un alimento ecológico. No se fabrica, no se envasa ni se transporta, evitando así el gasto de energía y la contaminación del medio ambiente. Para la familia es un gran ahorro. La leche materna no constituye un gasto económico y, sobre todo, es la mejor forma de alimentación para el bebé".

LOS PERCENTILES Y LAS CURVAS DE CRECIMIENTO DE LOS NIÑOS

Las gráficas de percentiles le sirven al pediatra para comprobar y comparar que el crecimiento y el desarrollo del bebé es el adecuado en relación al peso y la talla, aunque existen tablas para el perímetro de la cabeza o la grasa corporal. Es muy importante que sepas que ninguno de estos datos se interpreta de manera aislada, sino en relación con la edad y el sexo, porque el patrón de crecimiento es ligeramente distinto en niños y niñas.

¿Cómo leer las gráficas de percentiles de niños y bebés?

Existen gráficas para cada parámetro: el peso, la talla, el perímetro de la cabeza y la grasa corporal. Las más utilizadas son las de peso y talla, y son diferentes según se trate de varones o mujeres. Verás en la consulta que tu pediatra te muestra distintas gráficas de percentiles, según la edad y el sexo, donde figuran varias líneas, cada una con un número: 3, 10, 25, 50, 75, 90 y 97. Para conocer en qué percentil se encuentra tu bebé –por ejemplo, de talla–, tienes que buscar primero su edad en el eje horizontal y después su talla en el eje vertical. Trazando una línea en cada punto, lograrás que ambas se crucen sobre alguna de las líneas de percentiles del gráfico y ése será el percentil de talla de tu hijo.

¿Cómo interpretar los resultados del percentil del bebé?

Todas las líneas de los percentiles corresponden a valores normales. Los niños excesivamente altos o con sobrepeso estarán por encima del percentil 97, mientras que los excesivamente bajos o delgados estarán por debajo del percentil 3. Lo importante no es tener un percentil alto, sino crecer y ganar peso de forma regular en torno a un mismo percentil.

Así, por ejemplo, si tu bebé se encuentra en el percentil 70 de talla, esto significa que, comparado con otros 100 lactantes, 70 medirán menos que él y 30 medirán más, y que si los pusiéramos en fila, tu hijo ocuparía el puesto número 70. El percentil 50 indicaría que el niño se sitúa dentro de la media, y el 10, que se encuentra por debajo de la media, aunque continúa siendo considerado estadísticamente normal.

Altibajos en el percentil de niños y bebés

Una buena señal es que los percentiles se mantengan similares a los del nacimiento y que no se haya producido ningún descenso o ascenso brusco respecto de las medidas anteriores. El pediatra siempre deberá comprobar que el percentil de la talla sea acorde con el del peso. Y si un niño se encuentra por debajo del 3 o por encima del 97, el especialista estudiará la causa, lo mismo que si no sigue su curva de crecimiento en su percentil habitual y pasa de un percentil a otro de forma brusca.

¿Un niño obeso se estabilizará en forma natural cuando "pegue el estirón"? NO. En lo absoluto. Los niños obesos tienen muchas más posibilidades de seguir siendo obesos en la edad adulta, además de sufrir complicaciones como diabetes, enfermedades cardiovasculares, hígado graso, problemas ortopédicos y baja autoestima. En niños de 3 a 5 años de edad que padecen obesidad, esta posibilidad se triplica en la adultez si uno de los padres tiene obesidad.

ÍNDICE DE MASA CORPORAL

El Índice de Masa Corporal (IMC), medida de peso corporal ajustado a la estatura, es un indicador útil para evaluar la grasa corporal total. Se define como el peso (kilogramos) dividido por el cuadrado de la altura (metros) y se expresa como kg/m^2, y debe ser evaluado en función del sexo y la edad. Los altos niveles de grasa corporal total se asocian con el aumento de riesgos para la salud, por lo cual un índice elevado de masa corporal predice la adiposidad futura, así como la morbilidad futura y la muerte. Este índice es usado como indicador antropométrico del estado nutricional. Como se expresó más arriba, para el diagnóstico individual es indispensable complementarlo con la evaluación clínica.

En los niños y adolescentes, el IMC se va modificando con la edad y varía de acuerdo al sexo. Por eso es imposible establecer un único valor de IMC y es necesario compararlo con los percentiles de las referencias de IMC para edad y sexo. En la Argentina se usan los estándares de la Organización Mundial de Salud, adoptadas por la Sociedad Argentina de Pediatría y el Ministerio de Salud.

Los valores límites son:

- Sobrepeso: IMC entre puntajes z de +1 (percentil 85) y +2 (percentil 97)
- Obesidad: IMC ≥ +2 desvíos estándar o percentil 97
- Obesidad grave: IMC ≥ puntaje z +3

Para los niños menores de 6 años, se recomienda tomar con cautela la interpretación del IMC, que funciona como una especie de *"alerta"* para implementar medidas de alimentación saludable y de promoción de la actividad física acordes a la edad.

En el control pediátrico, se debe calcular el IMC a todos los niños mayores de 2 años. Para los lactantes, se recomienda el uso de las tablas de peso y de talla para la edad. Por lo tanto, siempre debe ser el profesional, teniendo en cuenta todos los indicadores mencionados, el examen físico y los hábitos alimentarios del niño, el encargado de realizar el diagnóstico y proporcionarle a la familia las recomendaciones pertinentes.

¿PARA QUÉ COMEMOS?

Con los alimentos recibimos la energía (combustible) y los nutrientes (materiales) que nuestro organismo necesita para funcionar correctamente y mantener su estructura.

¿QUÉ ES LA ALIMENTACIÓN SALUDABLE?

El Ministerio de Salud de la Nación Argentina la define como aquella que aporta todos los nutrientes esenciales y la energía que cada persona necesita para mantenerse sana.

Una persona bien alimentada tiene más oportunidades de:

⚔ desarrollarse plenamente,

⚔ vivir con salud,

⚔ aprender y trabajar mejor,

⚔ protegerse de enfermedades.

Por lo tanto, una alimentación saludable es fundamental para nuestro bienestar físico, psíquico y social.

Guía Alimentaria para la Población Argentina,
Ministerio de Salud de la Nación

Los cuadros que siguen describen los mensajes que se desprenden de la lectura de la Guía Alimentaria para la Población Argentina (GAPA).

MENSAJE 1
INCORPORAR A DIARIO ALIMENTOS DE TODOS LOS GRUPOS Y REALIZAR AL MENOS 30 MINUTOS DE ACTIVIDAD FÍSICA
1°MS: Realizar 4 comidas al día (desayuno, almuerzo, merienda y cena); incluir verduras, frutas, legumbres, cereales, leche, yogur o queso, huevos, carnes y aceites.
2°MS: Realizar actividad física moderada, continua o fraccionada, todos los días para mantener una vida activa.
3°MS: Comer tranquilo, en lo posible acompañado, y moderar el tamaño de las porciones.
4°MS: Elegir alimentos preparados en casa en lugar de los procesados.
5°MS: Mantener una vida activa, un peso adecuado y una alimentación saludable previene enfermedades.

MENSAJE 2
TOMAR A DIARIO 8 VASOS DE AGUA SEGURA

1°MS: A lo largo del día beber al menos 2 litros de líquidos, sin azúcar, preferentemente agua.

2°MS: No esperar a tener sed para hidratarse.

3°MS: Para lavar los alimentos y cocinar, el agua debe ser segura.

MENSAJE 3
CONSUMIR A DIARIO 5 PORCIONES DE FRUTAS Y VERDURAS EN VARIEDAD DE TIPOS Y COLORES

1°MS: Consumir al menos medio plato de verduras en el almuerzo, medio plato en la cena y 2 o 3 frutas por día.

2°MS: Lavar las frutas y verduras con agua segura.

3°MS: Las frutas y verduras de estación son más accesibles y de mejor calidad.

4°MS: El consumo diario de frutas y verduras disminuye el riesgo de padecer obesidad, diabetes, cáncer de colon y enfermedades cardiovasculares.

MENSAJE 4
REDUCIR EL USO DE SAL Y EL CONSUMO DE ALIMENTOS CON ALTO CONTENIDO DE SODIO

1°MS: Cocinar sin sal, limitar el agregado en las comidas y evitar el salero en la mesa.

2°MS: Para reemplazar la sal, utilizar condimentos de todo tipo (pimienta, perejil, ají, pimentón, orégano, etc.).

3°MS: Los fiambres, embutidos y otros alimentos procesados (como caldos, sopas y conservas) contienen elevada cantidad de sodio; al elegirlos en la compra leer las etiquetas.

4°MS: Disminuir el consumo de sal previene la hipertensión, enfermedades cardiovasculares y renales, entre otras.

MENSAJE 5
LIMITAR EL CONSUMO DE BEBIDAS AZUCARADAS Y DE ALIMENTOS CON ELEVADO CONTENIDO DE GRASAS, AZÚCAR Y SAL

1°MS: Limitar el consumo de golosinas, amasados de pastelería y productos de copetín (como palitos salados, papas fritas de paquete, etc.).

2°MS: Limitar el consumo de bebidas azucaradas y la cantidad de azúcar agregada a infusiones.

MENSAJE 5
LIMITAR EL CONSUMO DE BEBIDAS AZUCARADAS Y DE ALIMENTOS CON ELEVADO CONTENIDO DE GRASAS, AZÚCAR Y SAL

3°MS: Limitar el consumo de manteca, margarina, grasa animal y crema de leche.

4°MS: Si se consumen, elegir porciones pequeñas y/o individuales. El consumo en exceso de estos alimentos predispone a la obesidad, hipertensión, diabetes y enfermedades cardiovasculares, entre otras.

MENSAJE 6
CONSUMIR DIARIAMENTE LECHE, YOGUR O QUESO, PREFERENTEMENTE DESCREMADOS.

1°MS: Incluir 3 porciones al día de leche, yogur o queso.

2°MS: Al comprar, mirar la fecha de vencimiento y elegirlos al final de la compra para mantener la cadena de frío.

3°MS: Elegir quesos blandos antes que duros y aquellos que tengan menor contenido de grasas y sal.

4°MS: Los alimentos de este grupo son fuente de calcio y necesarios en todas las edades.

MENSAJE 7
AL CONSUMIR CARNES, QUITARLE LA GRASA VISIBLE, AUMENTAR EL CONSUMO DE PESCADO E INCLUIR HUEVO.

1°MS: La porción diaria de carne se representa por el tamaño de la palma de la mano.

2°MS: Incorporar carnes con las siguientes frecuencias: pescado 2 o más veces por semana, otras carnes blancas 2 veces por semana y carnes rojas hasta 3 veces por semana.

3°MS: Incluir hasta un huevo por día, especialmente si no se consume la cantidad necesaria de carne.

4°MS: Cocinar las carnes hasta que no queden partes rojas o rosadas en su interior previene las enfermedades transmitidas por alimentos.

MENSAJE 8
CONSUMIR LEGUMBRES, CEREALES PREFERENTEMENTE INTEGRALES, PAPA, BATATA, CHOCLO O MANDIOCA.

1°MS: Combinar legumbres y cereales es una alternativa para reemplazar la carne en algunas comidas.

2°MS: Entre las legumbres puede elegir arvejas, lentejas, soja, porotos y garbanzos; y entre los cereales, arroz integral, avena, maíz, trigo burgol, cebada y centeno, entre otros.

MENSAJE 8
CONSUMIR LEGUMBRES, CEREALES PREFERENTEMENTE INTEGRALES, PAPA, BATATA, CHOCLO O MANDIOCA.

3°MS: Al consumir papa o batata, lavarlas adecuadamente antes de la cocción y cocinarlas con cáscara.

MENSAJE 9
CONSUMIR ACEITE CRUDO COMO CONDIMENTO, FRUTAS SECAS O SEMILLAS.

1°MS: Utilizar dos cucharadas soperas al día de aceite crudo.

2°MS: Optar por otras formas de cocción antes que la fritura.

3°MS: En lo posible alternar aceites (como girasol, maíz, soja, girasol alto oleico, oliva y canola).

4°MS: Utilizar al menos una vez por semana un puñado de frutas secas sin salar (maní, nueces, almendras, avellanas, castañas, etc.) o semillas sin salar (chía, girasol, sésamo, lino, etc.).

5°MS: El aceite crudo, las frutas secas y semillas aportan nutrientes esenciales.

MENSAJE 10
EL CONSUMO DE BEBIDAS ALCOHÓLICAS DEBE SER RESPONSABLE. LOS NIÑOS, ADOLESCENTES Y MUJERES EMBARAZADAS NO DEBEN CONSUMIRLAS. EVITARLAS SIEMPRE AL CONDUCIR.

1°MS: Un consumo responsable en adultos es, como máximo al día, dos medidas en el hombre y una en la mujer.

2°MS: El consumo no responsable de alcohol genera daños graves y riesgos para la salud.

GRUPOS DE ALIMENTOS

Una alimentación saludable, debe incluir los siguientes grupos de alimentos:

1. Cereales, legumbres y derivados

Los cereales son fuente de hidratos de carbono complejos (almidón), proteínas de valor biológico reducido (por falta de algunos aminoácidos) y, solo si son integrales, de fibra y vitamina B1. Cuanto más blanca y más refinada es la harina, menor es su valor nutricional. En los cereales fortificados se intenta compensar estas pérdidas.

En este grupo encontramos: pan, pastas, copos, cereales para el desayuno, arroz, galletitas (preferentemente elegir integrales, porque dan más saciedad y al conservar la cáscara de las semillas, más vitaminas y minerales).

Por otro lado, las legumbres tienen un alto contenido de proteínas y de hierro y tienen poca grasa vegetal. Son una buena fuente de fibra soluble, por lo que se constituyen en alimentos beneficiosos en la mesa de las personas con diabetes o colesterol elevado.

Ellas son: porotos, garbanzos, porotos de soja, lentejas, arvejas, habas y chauchas.

2. Frutas, verduras y hortalizas

Este grupo de alimentos aporta variedad de vitaminas y minerales, y constituye la principal fuente de fibra de nuestra alimentación. Contiene además fitoquímicos (sustancias responsables del color y del sabor de las distintas frutas y hortalizas que cumplen diversas funciones muy beneficiosas para la salud).

Es recomendable comer diariamente alimentos de este grupo, ya que protegen nuestra salud, evitan infecciones y refuerzan la inmunidad. Es importante incorporarlos en diferentes colores ya que, como mencioné antes, allí se encuentran innumerables sustancias protectoras para la salud.

En este grupo encontramos: manzana, pera, naranjas, uvas, banana, frutilla, ciruelas, damasco, ananá, sandía, mandarina, kiwi, cerezas, etc. También brócoli, lechuga, zanahoria, tomate, cebolla, choclo, papa, batata, espinaca, puerro, etc.

3. Lácteos

Los lácteos son alimentos muy completos por la gran variedad de nutrientes que tienen y el buen balance de grasa, proteínas y carbohidratos. Son fuente de proteínas, vitaminas A y D y principalmente de calcio, mineral que, junto con la vitamina D, es muy importante para formar y mantener los huesos y los dientes sanos. Es conveniente que los lácteos sean consumidos en su versión reducida en grasas.

Para obtener el calcio necesario hay que consumir 3 raciones diarias de lácteos en todas las edades.

Adolescentes, embarazadas, lactantes y mujeres en la menopausia deben ingerir 4 porciones diarias.

(Por ejemplo: 1 vaso de leche + 1 yogur + 1 porción de queso.)

En este grupo encontramos la leche, el queso, el yogur.

4. Carnes y huevos

En este grupo se encuentran la carne vacuna, de pollo, pescado y huevos.

Entre sus aportes se destacan las proteínas y el hierro (mineral que es mejor absorbido por el organismo que el hierro vegetal). También son fuente de zinc y vitaminas del complejo B. Se recomiendan los cortes magros (bife angosto, vacío, peceto, paleta, cuadril, lomo y nalga), con menos grasa, para cuidar la salud del corazón.

En cuanto al pescado, el de mar contiene propiedades protectoras contra las enfermedades del corazón, por su contenido en un tipo de grasas –ácidos grasos omega 3– que ayudan a disminuir el colesterol en sangre.

El huevo es un excelente alimento ya que en la clara se encuentran proteínas de excelente calidad y en la yema fundamentalmente grasas, hierro y vitaminas A y D.

5. Grasas, aceites y azúcar

Los aceites y las grasas constituyen la fuente principal de energía procedente de los alimentos, garantizan la absorción y transporte de las vitaminas A, D, E, K y de sustancias antioxidantes.

Es importante comer diariamente alimentos de este grupo, pero hacerlo en poca cantidad.

Dentro de las grasas podemos encontrar:

✂ **Las de origen animal**: Carne, embutidos, fiambres, lácteos enteros, manteca, crema, huevo más algunas de origen vegetal (cacao y coco).

Su consumo excesivo eleva los niveles de colesterol en sangre y aumenta el riesgo de obesidad, enfermedades cardiovasculares y algunos tipos de cáncer.

✂ **Las de origen vegetal**: Aceites, legumbres, cereales integrales, frutas secas, semillas, germen de trigo, palta, aceitunas.

En pequeñas cantidades, ayudan a reducir el riesgo de desarrollar enfermedades cardíacas.

En cuanto al azúcar, proporciona energía, pero en el caso del azúcar blanco, sin nutrientes, ya que durante su refinado pierde sus propiedades nutricionales.

Además del azúcar de mesa, puedes encontrar azúcar en golosinas, dulces, gaseosas, galletitas, etc. y en forma natural en las frutas.

En la página siguiente encontrarás un cuadro muy práctico para recordar los grupos de alimentos.

¿Cómo es recomendable distribuir las ingestas durante el día?

Es importante que desde pequeños acostumbres a tus hijos a hacer varias comidas al día en forma planificada, ya que es una conducta que está científicamente demostrada que promueve hábitos saludables y previene la obesidad. Una distribución diaria desordenada facilita el aumento de peso porque predispone al "picoteo", tanto en chicos como en grandes. Y cuando "picoteamos", en general, no elegimos alimentos saludables. En cambio, una distribución ordenada, permite controlar el colesterol, el azúcar sanguíneo y cuidar la salud del corazón, entre varios de los beneficios demostrados por la ciencia.

Al respecto, seguramente has escuchado hablar o has leído acerca de realizar 6 comidas diarias. *¿Qué significa esto?* Que puedes organizar las ingestas en 4 comidas principales (desayuno, almuerzo, merienda y cena) y 2 colaciones (una pequeña ingesta entre una comida principal y otra). De esta manera, no pasarán más de 3 horas entre una ingesta y otra. El ritmo del día lo marcará el horario del desayuno. Considera que, en general, esto puede variar durante el fin de semana.

Veamos un ejemplo:

Si en los días de semana te levantas a las 7.30, podríamos pensar en la siguiente distribución:

HORARIO (H)	COMIDA
8	Desayuno
10	Colación, por ejemplo: una fruta, un yogur o un trozo de queso.
13	Almuerzo
15	Colación de media tarde
18	Merienda
21	Cena

De esta manera, llegarás con menos hambre a la siguiente comida, podrás consumir tamaños de porciones razonables y

GRUPOS DE ALIMENTOS

GRUPO	FUENTE DE...	PRESENTE EN...	
1. Cereales, legumbres y derivados	Hidratos de carbono, fibras y proteínas	Pan, pastas, copos, cereales para el desayuno, arroz, galletitas (preferentemente integrales: aportan más saciedad y, al conservar la cáscara de las semillas, más vitaminas y minerales). Porotos, garbanzos, porotos de soja, lentejas, arvejas, habas y chauchas.	
2. Frutas, verduras y hortalizas	Hidratos de carbono, fibras, vitaminas A, C y B, magnesio y potasio	Manzana, pera, naranjas, uvas, banana, frutilla, ciruelas, damasco, ananá, sandía, mandarina, kiwi, cerezas, etc. También: brócoli, lechuga, zanahoria, tomate, cebolla, choclo, papa, batata, espinaca, puerro, etc.	
3. Lácteos	Proteínas, calcio, vitaminas A y D	Leche, queso y yogur	
4. Carnes y huevos	Proteínas, hierro, zinc y vitaminas del complejo B.	Carne vacuna (cortes magros), de pollo, pescado y huevos	
5. Grasas, aceites y azúcar	Energía, ácidos grasos esenciales y vitamina E	De origen animal: carne, embutidos, fiambres, lácteos enteros, manteca, crema, huevo + algunos de origen vegetal (cacao y coco). De origen vegetal: aceites, legumbres, cereales integrales, frutas secas, semillas, germen de trigo, palta, aceitunas. Además del azúcar de mesa, puedes encontrarla en golosinas, dulces, gaseosas, galletitas, etc. y en forma natural en las frutas.	

estarás llevando adelante hábitos saludables que favorecerán el mantenimiento de tu peso.

Si en tu familia no tienen el hábito de una distribución ordenada de comidas como la que propongo arriba, al principio podrá resultar un poco difícil incorporarla, como con cualquier hábito, y requerirá de paciencia y perseverancia. Pero luego de hacerlo durante unos días, se incorporará a la rutina y ya ni te darás cuenta, porque la habrás naturalizado. A mis pacientes les recomiendo colocar alarmas en el celular para recordar alguna ingesta, sobre todo, las de las colaciones que son las que más suelen saltearse. Aunque te parezca gracioso, el "truco" del celular funciona y, después de unas semanas, ya no necesitarás usarlo porque habrás logrado acostumbrarte.

PORCIONES

Cuando hay disponible porciones grandes las personas consumen más calorías.

Uno de los mayores mitos en cuanto a la alimentación es que tenemos que comer mucha cantidad para *"crecer sanos, fuertes y hacernos grandes"*. Esto pone de manifiesto que la creencia es que el crecimiento es una consecuencia de la alimentación. Pero, lo cierto es que solamente en los casos de auténtica desnutrición, el crecimiento puede verse afectado por la alimentación.

Los niños no crecen porque comen, sino que comen porque están creciendo. El niño de entre 1 y 6 años, que crece lentamente, come proporcionalmente menos que el de seis meses o el de 12 años, que está en período de rápido crecimiento. Por más cantidad de comida que coman, es imposible que un niño de 2 años crezca tan rápido como uno de seis meses. La talla final que alcanza un adulto depende, básicamente, de sus genes y tan solo un poco de su alimentación. Los padres altos, tienden a tener niños altos. Pero también la velocidad de crecimiento en un período determinado depende, sobre todo, de la edad, y solo un poco de los genes.

Los chicos son capaces de elegir una dieta sana, si les damos opciones sanas para que elijan. Si se les ofrece una fruta, pollo, fideos y lentejas, y dejas que elija qué y cuánto quiere comer, con el tiempo elegirá una dieta equilibrada. Quizá, durante los primeros días, solo elija comer fideos, o pollo, pero luego, de a poco, irá incorporando otros alimentos. Pero, si en cambio, le ofreces fruta, fideos, pollo y chocolate, entonces nadie te garantizará que su dieta sea equilibrada. En suma: la responsabilidad de los padres es ofrecerles variedad de alimentos saludables. La responsabilidad de elegir entre esa variedad y decidir qué y cuánto van a comer es de los niños.

¿QUÉ PASA CON EL DESAYUNO?

Todos sabemos que el desayuno es la comida más importante del día. Desayunar ayuda a mantener la salud física y mental de toda la familia. De hecho, contribuye a conservar el peso, reduce el estrés, mejora la atención y la fluidez verbal y proporciona los nutrientes necesarios para mejorar el rendimiento en la escuela, universidad o el trabajo.

Durante la noche, mientras dormimos, el metabolismo trabaja más lentamente y tiene funciones de reparación para el cuerpo. Al comenzar el día, para ponerse en marcha, el cuerpo necesita acelerar el metabolismo con un "combustible": la glucosa, el combustible esencial de todas las células. Precisamente el desayuno es el que provee los nutrientes y el combustible necesarios.

La Asociación Argentina de Nutricionistas provee datos que evidencian que el 90 % de los niños de la Argentina desayunan de manera incompleta. Esto se traduce en niños con una menor capacidad para el aprendizaje, a los que les cuesta más trabajo memorizar. Esta carencia también afecta su comportamiento: generalmente, son muy inquietos o demasiado tranquilos; también son más susceptibles a la fatiga y las infecciones. Un niño que va a la escuela sin desayunar está en inferioridad de condiciones respecto de sus pares que sí lo han hecho, ya que sus músculos y su cerebro se encuentran aún en modo ahorro. Además, es un niño que llegará con mucha hambre al recreo y en ese momento elegirá comidas con más grasa y azúcar.

¿Cómo debe ser el desayuno?

En principio, lo más importante es que el desayuno se realice, por más sencillo que sea. Si tu hijo no quiere desayunar, deberás negociar. Explícale que es necesario que lo haga para obtener la energía que necesita para poder hacer durante el día todas las actividades que más le gustan: correr, bailar, jugar al fútbol, patinar, etc. Intenta empezar de a poco, con algo rápido, como una vainilla o un yogur bebible. Lo importante es que paulatinamente se acostumbre y adquiera el hábito. No pretendas que incorpore un desayuno completo de un día para el otro. Dale algunas opciones saludables y que elija con qué empezar. Insiste sin presionar, pero con firmeza, para ir progresando hasta lograr un desayuno equilibrado.

Un desayuno completo e ideal es aquel que incluye todos los grupos de alimentos y aporta el 20 o 25 % de la energía del día. Esto significa que en un desayuno completo puedes combinar lácteos, con frutas y cereales.

Aquí te ofrezco algunos ejemplos de desayunos nutritivos:

DESAYUNOS NUTRITIVOS	
1 vaso de leche chocolatada + 1 rodaja de pan untada con queso + 1 fruta	
1 té con leche + 2 galletitas con queso untable y mermelada	
1 yogur + cereales + frutas cortadas en trocitos	
1 licuado de durazno con leche	
1 licuado de una fruta a elección con yogur	
1 taza de arroz con leche + trocitos de manzana	
1 licuado de banana con leche + grisines con queso blanco	
Té con leche + pan untado con queso blanco o dulce de leche + 1 jugo de naranja	

COLACIONES Y SNACKS SALUDABLES (PARA EL RECREO)

Una colación nutritiva es aquella que considera porciones moderadas de alimentos, las que como vimos, dependen de la edad de los niños. Como ya mencioné, incorporar estos pequeños "refrigerios" durante el día, nos ayudan a llegar con menos hambre a las comidas principales. Es frecuente que los niños prefieran golosinas, galletitas, alfajores o snacks para comer en el recreo; pero es importante que también trabajemos sobre la calidad de los alimentos en este ámbito para mejorar y formar buenos hábitos.

Antes de decidir qué les vas a mandar, enséñales a distinguir entre las colaciones más y menos convenientes. Recuerda que cuanto más pequeñas sean mejor, ya que los hábitos los formamos en la infancia. Alrededor de los 7 años ya empiezan a elegir sus propias colaciones y a preferir las que están de moda o vienen con su personaje favorito. Explícale que estas no siempre son las opciones más convenientes ya que no le aportarán esa energía que necesita para poder cumplir con todas las actividades del día. Negocia, no prohíbas. De vez en cuando no le hará mal comer un chocolate. Lo que importa es que esto no suceda todos los días y que esté dispuesto a probar otros alimentos y sabores.

A continuación te ofrezco algunas ideas accesibles que puedes llevar a la práctica. Piensa en poca cantidad o en pequeñas porciones, y recuerda: es más importante trabajar el hábito de incluirlas a que "coman toda la colación".

Colaciones para casa o para el recreo

✂ Fruta fresca: Sin duda, es la mejor opción.
✂ Un trocito de queso port salut, fresco o cremoso.
✂ Un yogur firme o bebible, solo, con frutas y/o cereales.
✂ Un postrecito lácteo.
✂ Vainillas
✂ 1 vasito de ensalada de frutas.
✂ Un paquete de tutucas.
✂ Un alfajor de arroz.
✂ Un paquete de semillas de girasol.
✂ 1 trocito de bizcochuelo casero o budín casero (puedes aprovechar para incorporar frutas y/o vegetales en este tipo de preparaciones).
✂ Frutas secas (si ya mastica y traga bien, y siempre después de los 3 años).
✂ Un sándwich con queso tipo fresco, y jamón natural.
✂ Un rollito de jamón con queso.
✂ Turrón

TIPS PARA CASA
- Arma una frutera con frutas de diferentes colores y déjala siempre sobre la mesada o en la mesa, bien visible.
- Arma recipientes con fruta cortada en trozos pequeños, lista para consumir y colócala en los estantes más visibles de la heladera.

JUGAR CON LOS COLORES

Es un concepto que utilizamos mucho en la gira nacional que realizamos con Fuerza Fruta. Lo usamos para captar la atención de los niños de manera sencilla y despertar su interés y motivación. Y te aseguro que funcionó. Les contamos que cada color les daba un *"superpoder"*:

energía para correr, bailar y jugar, inteligencia, mejor visión, piel más sana, etc. De esta manera, fuimos desterrando la idea de que comer sano es feo y aburrido. Se nos ocurrió explicarles que son los colores de los alimentos los que nos dan los beneficios para la salud (nosotros les llamamos superpoderes). ¿Y dónde encontramos esos colores? En los vegetales y en las frutas. Con lo cual los niños se iban comiendo rojo, naranja o amarillo, ya que ellos mismos decidían hacerlo. No les dijimos que es "bueno" o "sano" o que hay que comerlo porque "hace bien". ¿Lo inventamos? ¡Claro que no! Utilizamos las mismas estrategias que utiliza la industria alimentaria para las galletitas o los snacks, pero nosotros partimos de un concepto que tiene evidencia científica: cada grupo de alimentos aporta diferentes propiedades de acuerdo a su color. El cuadro de abajo lo ejemplifica:

No es necesario que conozcas cada una de estas propiedades de memoria. Se trata de nombres difíciles y raros. Si nosotros les hubiéramos hablado a los niños del licopeno o de los fitoquímicos jamás nos habrían escuchado ya que no les hubiera resultado interesante. Y cuando a un chico no le interesa algo, ya sabemos lo que ocurre: se dispersa. Entonces, en lugar de darles un mensaje teórico y lejano para ellos,

ALIMENTOS DE COLOR...	PROPIEDADES	VERDURAS Y FRUTAS
Rojo	Aportan vitamina C, magnesio y fitoquímicos* como el licopeno (un pigmento natural, que aporta el color rojo). Tambien, fuertes propiedades antioxidantes, es decir que previenen el envejecimiento de las células y disminuyen el riesgo de ciertos tipos de cáncer.	Tomate, sandía, pomelo rojo o rosado, frutillas, arándanos, frambuesas, cerezas, uvas, rábanos, cebolla morada, remolacha y repollo morado.
Verde	Ricos en luteína, un fitoquímico con propiedades antioxidantes. Aportan potasio, magnesio, calcio, fibras, vitaminas C y K y ácido fólico.	Zapallito, espinaca, rúcula, acelga, kiwi.
Naranja y Amarillo	Poseen beta-carotenos (pro Vitamina A), vitamina C, fibra, potasio, magnesio y ácido fólico. Aportan muchos beneficios para la visión y la piel y ayudan a prevenir enfermedades cardiovasculares. También tienen un alto poder antioxidante, son antiinflamatorias, antitumorales y anticancerígenas.	Mandarina, durazno, naranja, damasco, calabaza, zanahoria.
Blanco	Ayudan a disminuir el riesgo de enfermedades cardiovasculares y cerebrovasculares. Las sustancias azufradas como la alicina, tienen efectos antitrombóticos, antioxidantes y antibióticos.	Ajo y cebolla
* Los fitoquímicos son sustancias químicas que se encuentran en los alimentos de origen vegetal y que poseen propiedades beneficiosas para la salud. Muy importante: todas estas propiedades actúan de manera PREVENTIVA cuando se las consume en forma habitual, pero NO SON CURATIVAS.		

lo "adaptamos" y simplificamos: **comer en colores nos ayuda a tener fuerza, energía, velocidad, inteligencia y destreza, para hacer deportes, jugar, bailar, correr y aprender.** Pues bien, esto mismo puedes hacer en casa.

La industria alimentaria utiliza los colores para los envoltorios y envases, agrega figuritas o dibujos con superhéroes a snacks y galletitas, que son productos, en general, blancos o marrones. ¡Y funcionan! ¿Acaso has visto alguna publicidad de este estilo aplicada a la difusión o promoción del consumo de frutas? Yo no. Entonces, se trata de inventarla. Arma una rica frutera con muchos colores, propone a tus hijos comer verde para tener más energía o violeta para ser mas inteligentes… Recuerda que es importante la presentación: la comida entra por los ojos. Dispone de unas horas un día y preparen juntos un *"plato arcoíris"* o un *"plato multicolor"* o un plato con *"caritas o dibujitos"*. Considéralo, de vez en cuando, como actividad para compartir; vale la pena.

En estas páginas, te ofrezco algunos ejemplos de presentaciones fáciles y divertidas de platos para preparar con los chicos.

Ejemplo de vianda: medio sandwich de jamón y queso, bastoncitos de apio y de zanahoria, medio kiwi, tomatitos cherry, galletitas de avena.

LA VIANDA ESCOLAR

Muchos niños asisten a colegios de jornada completa, por lo tanto, una de las comidas principales, el almuerzo, la realizan en la escuela. Este es un tema de consulta frecuente que nos preocupa y nos ocupa.

En primer lugar hay que estar dispuesto a aceptar que **la preparación de la vianda lleva un tiempo de preparación pero, como todo, es cuestión de organizarse y planificar qué le enviaras a tu hijo para que almuerce día por día.**

También ten en cuenta que la vianda es una buena oportunidad para incluir en el menú algún alimento nuevo. A veces, no estar bajo *"la mirada de mamá"* o ver que sus compañeros comen otras comidas despierta en los niños el deseo de probarlas: *"si mi amigo lo come, yo también"*. Esto lo he notado durante los talleres de alimentación saludable que realizo en los colegios. Las mamás me aseguran que sus hijos no comen fruta, que los cereales no les gustan… Sin embargo, luego sucede que, durante la actividad, **todos prueban y participan de las degustaciones**. Con esto quiero decirte que no des por sentado de antemano que *"no lo van a querer comer"*. Puede ser que muchas veces no lo quieran, pero quizás, un día, alentado por el entorno, se anime.

Otro aspecto clave es la presentación. Intenta que esta sea atractiva, linda, colorida (aunque, como ya mencioné, lleva su tiempo). Busca la variedad de colores, de texturas y sabores. Utiliza envases pequeños, bolsitas de colores y súmale alguna sorpresa: dibuja una carita feliz, mándale un juguete pequeño, un sticker, sorpréndelo con un pequeño detalle para que el momento de comer le sea agradable. Asegúrate de que los envases estén bien cerrados para evitar que se vuelquen; coloca gel refrigerante para conservar la cadena de frío.

Otro punto a tener en cuenta son las cantidades. No exageres con las porciones: es preferible que mandes pequeñas porciones pero con más variedad, "un poquito de cada cosa". Puedes incluir alimentos cortados en tiritas o en pequeños trozos para que puedan comerlos con la mano. Para hacerlo, emplea los cortantes con formitas para frutas y vegetales.

E insisto con dos ideas:

✂ **De postre, una fruta**. Elige la variedad: fresca, cortada en pequeños trozos, con formitas, en ensalada de frutas, asada o en compota. Puedes acompañarla con alguna salsita de dulce de leche o chocolate de vez en cuando. Lo importante es que coman fruta, no solo por sus beneficios, sino porque estás formándoles un hábito muy saludable.

✂ **Para beber, agua**. Si no les gusta sola, puedes preparar agua saborizada casera, que es muy fácil y rápido. Prueba estas combinaciones refrescantes y ricas o anímate a crear tus propias opciones:
- Naranja y limón
- Manzana y canela

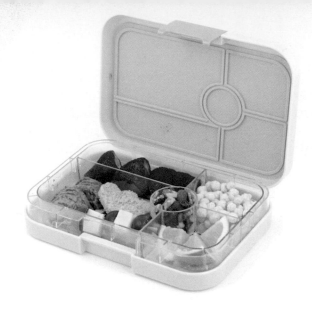

Ejemplo de vianda 2: rodajitas de palta, pincho de queso y tomate, choclo en granos, frutas secas, rodajitas de frutillas y naranjas.

- Naranja y menta
- Lima, limón, menta y frutillas
- Melón y frutillas
- Frutillas y albahaca
- Ananá y naranja

¿CÓMO PREPARAR AGUA SABORIZADA CASERA?
- Agrega trozos de fruta a una jarra con agua y déjala reposar un par de horas en la heladera para que los sabores se mezclen.
- Para enviarla al colegio, sírvela en alguna botellita decorada con stickers o dibujitos.

Teniendo en cuenta todos estos "consejitos", te ofrezco a continuación, y a modo de ejemplo, algunos menús para armar la vianda escolar:

MENÚS PARA ARMAR LA VIANDA ESCOLAR

1. Bastoncitos de milanesa de carne o pollo + tomates cherry + gajitos de mandarina

2. Fideos moñitos con salsa filetto + banana

3. Tarta individual de atún, choclo, calabaza o pollo + ensalada de frutas

4. Rodajas de carne o pollo + choclo y brócoli + rollitos de queso + frutillas, arándanos o uvas

5. Tiritas de pizza casera + rodajas de naranja + un puñadito de frutas secas

6. Omelette con queso + zanahorias baby + una galletita de avena

7. Sándwich de jamón, queso, tomate y palta + banana

8. Bastoncitos de pescado + papas y batatas al horno + rodajitas de naranja

9. Bastoncitos de fainá + ensalada de tomate, huevo duro y queso + trocitos de manzana

10. Ravioles de verdura + trocitos de durazno

¿QUÉ HACEMOS PARA LOS CUMPLEAÑOS?

Ya sé lo que estás pensando, (no soy adivina, me lo han dicho varias veces): ¿el cumpleaños también "tiene que ser saludable"? "¿Vamos a suprimir las papas fritas justo este día?".

No. No *"tiene"* que ser saludable. Puede serlo, si quieres.

No te propongo que prohíbas o retires de la mesa del cumpleaños las papas fritas o los chizitos (aunque tampoco sería una locura). Pero, en lugar de servir 5 platitos de papas fritas y 5 de chizitos o palitos salados, puedes servir menos, por ejemplo, 3 en total y animarte a incluir otras opciones más convenientes. Un cumpleaños no tiene por qué ser un banquete de grasas y azúcares. El argumento que sostiene que *a los chicos solo les gustan los snacks"* o *"pobrecitos, por un día no pasa nada"*, ya no resulta. Ni es solo un día , ni solo existen estos alimentos para disfrutar de una comida rica y divertida. ¡Se puede comer sano y rico a la vez! Hay vida más allá de los palitos salados y de las papas fritas. ¿Lleva un poco más de tiempo y trabajo prepararla? Sí. Pero no es difícil ni imposible.

Prueba alternar algunos snacks ricos y saludables. Recuerda que se trata de un momento festivo y agradable, en el que los niños están más *"permeables"* para probar otros sabores, y que además tienes a favor el efecto *"imitación"*. Es fundamental ocuparse de la presentación, asegurarse de que sean atractivas, coloridas, con pequeñas porciones que puedan comer con las "manitos".

Estas son algunas ideas para que pruebes:
- ✂ Heladitos de fruta
- ✂ Mini brochetes de frutas
- ✂ Licuados de frutas en pequeños vasitos
- ✂ Trufas o bombones, galletitas de avena
- ✂ Nugguets de pollo caseros
- ✂ Pizza casera cortada en triangulitos
- ✂ Daditos de queso, croquetas caseras, albóndigas de pollo o de garbanzos (falafel)
- ✂ Sándwich de jamón, queso y tomate
- ✂ Guacamole
- ✂ Tartas individuales con diferentes rellenos
- ✂ Bruschetas
- ✂ Choclos en palitos
- ✂ Aguas saborizadas (mucho más económicas que las gaseosas)

El souvenir y la piñata

En este caso, se trata de animarse a pensar otras ideas, además de las habituales golosinas. Presta atención a aquello que les gusta a los niños en ese momento; a veces comparten algún personaje favorito y puedes regalarles figuritas o algún juguete de cotillón, masa, un par de crayones, unas semillas para plantar en casa. También podría ser divertido preparar previamente con tus hijos lindas bolsitas con galletitas caseras o pochoclos. No busques opciones extravagantes, complicadas y costosas. Cuántas veces te habrá pasado que les regalaste un juguete enorme y caro y ellos terminaron jugando con la caja.

En suma, aprovecha los cumpleaños para incorporar nuevos sabores, combinaciones de alimentos, presentaciones atractivas e ideas creativas para acercar a los niños a lo saludable sin perder de vista la diversión ni el disfrute de un festejo.

NO HAY ALIMENTOS BUENOS Y MALOS, HAY PORCIONES EXCESIVAS

Las dietas irresponsables, que proponen ayunar, no cenar o cenar solamente una fruta, apoyarse en un solo alimento, restringir mucho la ingesta de ciertos alimentos o eliminar el consumo de otros, desembocan, tarde o temprano, en un descontrol alimentario. Prohibir los alimentos preferidos provoca el anhelo continuo o repetido de comerlos. Además, aumenta la ansiedad, que encuentra limitaciones y desea con fervor que llegue el día en que pueda dejar el plan. Por otra parte, ciertas comidas tienen valor emocional, es decir, se asocian con el afecto, el cuidado, el placer, una compensación, una ocasión especial. Esta carga es simbólica y se relaciona con el estado de ánimo. La privación de las mismas, aunque sea temporal, puede alterar el equilibrio y causar dificultad para llevar adelante un plan alimentario equilibrado.

> Recuerda: se deben incluir todos los grupos de alimentos (ya desarrollados) sin prohibiciones, con variedad y equilibrio.

HIDRATACIÓN

La sed es un indicador tardío de la necesidad de reponer líquidos. Cuando sentimos sed es porque ya hemos perdido una buena cantidad de agua. Por eso, lo ideal es beber con frecuencia para no correr el riesgo de deshidratarnos.

¿Cuánto líquido necesitamos beber al día?

- Los adultos, entre dos y tres litros por día (aproximadamente 8 vasos)
- Los niños de entre 4 y 8 años, 1,3 litros (aproximadamente 6 vasos)
- Los niños de entre 9 y 13 años, 1,7 litros (aproximadamente 8 vasos y medio).

¿Cuándo se trata de agua segura o potable?

Llamamos agua potable al agua que podemos consumir o beber sin que exista peligro para nuestra salud. El agua potable no debe contener sustancias o microorganismos que puedan provocar enfermedades o perjudicar nuestra salud. Por eso, antes de que el agua llegue a nuestras casas, es necesario que sea tratada en una planta potabilizadora. En estos lugares se la limpia y se la purifica hasta que está en condiciones adecuadas para el consumo humano.

En 2010, las Naciones Unidas reconocieron el acceso al agua potable y al saneamiento como un derecho humano. Esta resolución reconoce el derecho al agua potable, es decir, a un agua saludable, libre de microorganismos, sustancias químicas y peligros radiológicos que constituyan una amenaza para la salud humana.

El agua es la mejor bebida que tu niño puede tomar para mantener su cuerpo bien hidratado y sano. Pero sucede que es tal la oferta de bebidas azucaradas en este momento que muchos niños las prefieren en lugar del agua. Entonces, *¿cómo hacer para que los chicos se hidraten correctamente?* Aquí te propongo algunas alternativas:

- Usa vasos, cantimploras o sorbetes de colores, decóralas con stickers o figuritas de sus personajes favoritos.
- Incluye en la alimentación de tus hijos alimentos con alto contenido de agua como frutas, verduras, gelatinas sin azúcar o algún batido de leche descremada y frutas.
- Prepara agua saborizada casera.
- Déjales al alcance de la mano, sobre la mesa, mesada, mesita de luz o en la mochila, botellitas o vasos con agua.

REPASEMOS...

¿POR QUÉ ENSEÑAR HÁBITOS A LOS NIÑOS?

Los niños necesitan de información y educación relevantes para formar hábitos alimentarios saludables para toda la vida. Como integrantes de la familia son un nexo importante entre la escuelas, los padres y la comunidad.

La Educación Inicial contribuye a la formación integral del niño y la niña en el contexto de la acción conjunta y coordinada de las diferentes redes de atención de la comunidad y la familia. Su meta es promover el intercambio de situaciones de aprendizaje y vivencias, que ayuden a afianzar el crecimiento y desarrollo, los hábitos, la personalidad, individualidad y desenvolvimiento social del niño y la niña. En tal sentido, es importante considerar que los hábitos alimentarios, higiene y estilos de vida saludables se asimilan e integran a la personalidad durante los primeros años, consolidándose hasta perdurar incluso en la edad adulta; de ahí la importancia de brindar una orientación adecuada y oportuna a los/as docentes, la familia y otros adultos significativos responsables de la atención y cuidado de los niños y las niñas, en cuanto a qué y cómo hacer para promover la enseñanza aprendizaje de hábitos saludables y valorarlos como herramientas que ayudan a proteger y cuidar la salud.

¿CÓMO PUEDEN HACER LAS FAMILIAS PARA FOMENTAR BUENOS HÁBITOS ALIMENTARIOS?

- Lo divertido es lo atractivo. Usa tu creatividad y juega con los colores, texturas y presentación de los alimentos.

- La posibilidad de elegir les brinda a los niños la sensación de control sobre sus hábitos. Llévalos al supermercado y haz que participen del proceso de selección de los alimentos.

- Incorpora a tus hijos a la preparación de la comida.

- Organiza una comida especial en la que la única regla sea comer con las manos:

  - Corta la carne o el pollo en pequeños trozos;

  - Ofréceles bastones de apio o zanahoria;

  - Hierve choclo y déjalos desprender los granos con sus dientes;

  - Prepara un gran plato de frutas de diferentes colores trozadas.

- Insiste con paciencia. No los retes, ni les impongas.

- Comienza a cambiar hábitos de a poco, sin que lo noten.

- Asegúrate de que haya alimentos saludables a la vista y accesibles para ellos.

- Arma fruteras coloridas para dejar sobre la mesa, bastoncitos de zanahoria, apio o tomates cherry lavados y listos para consumir, yogur, cereales sin azúcar, etc.

- **Da el ejemplo.** Los niños aprenden observando modelos de conducta. Por lo tanto, cuando ven que sus padres compran, cocinan y comen alimentos saludables, mostrarán mayor predisposición hacia los mismos.

- **Coman en familia.** Intenta que por lo menos una vez al día se reúna toda la familia para comer. Esto favorece la comunicación y afianza los vínculos. También es la ocasión perfecta para hablar acerca de hábitos de alimentación saludable, y hacer que los niños participen en conversaciones referentes a la apariencia y sabor de los alimentos.

MITOS, DIETAS DE MODA Y PRODUCTOS MÁGICOS

A lo largo de la historia, la alimentación ha sido influenciada por cuestiones políticas, económicas, sociales, religiosas, costumbres y modas. Vivimos bombardeados por recomendaciones que, en muchos casos, carecen de evidencia científica: productos o "dietas" que prometen rápidos descensos de peso sin ningún esfuerzo ni cambio en la alimentación o en la actividad física. Dietas extrañas, en muchos casos, que invocan a los astros, con productos provenientes de sitios exóticos a los que se les atribuyen propiedades milagrosas, batidos que terminan con la obesidad en el mundo, suplementos costosísimos que excluyen de la alimentación diaria los grupos de alimentos. Como profesional, he escuchado y leído las propuestas y los argumentos más increíbles. ¡Incluso una vez leí acerca de una dieta cuya propuesta era comer "gusanos"! Sí, leíste bien, ¡gusanos para bajar de peso! U otra que indicaba comer el mismo alimento durante una semana...

La única verdad es que, nos guste o no, no existe nada, absolutamente ningún producto mágico o dieta milagrosa. Si existieran, probablemente hoy no estaríamos hablando de obesidad como una epidemia ni este libro tendría razón de ser.

Por eso, cada vez que leas o te ofrezcan algún producto para bajar de peso con propiedades superpoderosas, sabe que no solo se trata de una estafa, sino de una amenaza para tu salud. No hay soluciones rápidas, ni mágicas, ni milagrosas. Además, ninguna de estas dietas o productos tienen una base científica. Por el contrario, pueden ser contraproducentes para la salud.

La única forma de bajar de peso o de mantenerlo saludable es comer de todo pero en pequeñas porciones, es decir, sostener como hábito la llamada dieta mediterránea. Esta es la única forma para vivir saludablemente, que puede ser mantenida en el tiempo y que además tiene efectos protectores para la salud, como ya hemos comentado.

La dieta mediterránea incluye cereales, legumbres, frutas, verduras, frutos secos, lácteos, aceite de oliva como principal grasa, pescado y carne. Incluir todos estos alimentos, disfrutar moderadamente de los que son menos convenientes y mantenerse físicamente activo, es la clave.

Los cuadros de las páginas siguientes analizan algunos famosos mitos alimentarios que distorsionan el concepto de alimentación saludable.

MITO 1: EL LIMÓN EN AYUNAS QUEMA GRASAS

¡No! Ningún alimento tiene la capacidad de quemar grasas. Algunos, como la cafeína, simplemente pueden acelerar solamente un poco el metabolismo.

Siempre propongo este juego: consigue grasa vacuna o manteca y agrégale limón. Verás que no pasa nada, que ni siquiera la disuelve un poco. ¿Cómo haría entonces para quemar o hacer desaparecer la grasa corporal? A veces, solo se trata de detenernos a pensar y usar el sentido común. No hace falta tener un doctorado en el tema para desbaratar este mito.

MITO 2: BEBER AGUA DURANTE LAS COMIDAS ENGORDA

Es falso. El agua no aporta calorías. Por lo tanto, es lo mismo si prefieres tomarla antes, durante o después de comer. Lo que sí sucede es que tomar líquidos previo a las comidas te causa saciedad y ayuda a disminuir las porciones.

MITO 3: LA MIEL APORTA MENOS CALORÍAS QUE EL AZÚCAR

No. La miel tiene casi las mismas calorías que el azúcar. Aproximadamente 30 calorías, lo que equivale a una cucharada de postre.

MITO 4: LA SAL MARINA TIENE MENOS SODIO QUE LA SAL COMÚN

Es falso. La sal marina tiene 40 % de sodio, lo mismo que la sal común de mesa. La única diferencia es que la sal marina se obtiene directamente de la evaporación del agua de mar y, por lo general, no se procesa, lo que le permite retener pequeñas cantidades de algunos minerales. Es importante conocer esta información para no consumir cantidades excesivas de sal marina (creyendo erróneamente que es reducida en sodio), ya que aumenta el riesgo de desarrollar hipertensión y, en consecuencia, enfermedades del corazón. La OMS recomienda que el consumo de sal sea de 3 g diarios en los niños menores de 7 años, 4 g diarios para los que tienen entre 7 y 10 años y 5 g a partir de los 10 años.

Muchos alimentos en su forma natural, y algunos procesados como el queso, fiambres, pan, snacks, enlatados, aderezos, entre otros, ya contienen sal, por lo tanto no es necesario agregarle a las preparaciones. Intenta agregar sal una vez finalizada la cocción y no lleves el salero a la mesa.

MITO 5: EL PAN TOSTADO "ENGORDA" MENOS QUE EL PAN SIN TOSTAR

No es cierto, de una u otra forma tienen las mismas calorías. El pan tostado pierde humedad, se deshidrata, pero el valor calórico es el mismo que el del pan sin tostar.

Se indica tostado en los planes alimentarios hipocalóricos porque se tarda más en masticar y esto ralentiza el acto de comer.

MITO 7: HAY ALIMENTOS BUENOS Y ALIMENTOS MALOS

No es verdad. El conjunto y la variedad determinan que tu alimentación sea sana y equilibrada. Como expresa el Dr. Cormillot: *"Hay alimentos más y menos convenientes"*, y son las porciones excesivas de los alimentos menos convenientes consumidas en forma habitual las que pueden dañar tu salud.

MITO 8: COMER PASTAS CON CARNE ENGORDA

Es falso. Este es el fundamento de muchas dietas llamadas disociadas, pero no tiene ninguna base científica. Las pastas son fuente de hidratos de carbono y proteínas vegetales, y la carne, de proteínas animales y grasas. El aparato digestivo cuenta con enzimas para digerir esos nutrientes. Además, las proteínas de la carne reducen el Índice Glucémico (la velocidad con la que aumenta el azúcar en sangre luego de ingerir un alimento rico en hidratos de carbono) de las pastas.

MITO 9: EL PAN INTEGRAL "ENGORDA MENOS" QUE EL PAN BLANCO

No. Ambos aportan casi las mismas calorías y son fuente de hidratos de carbono. La ventaja es que el pan integral tiene mucha fibra, procedente de la cáscara del grano, que es muy beneficiosa para regular el tránsito intestinal y brindar mayor saciedad. El pan integral *"llena más"* que el blanco.

MITO 10: EL HUEVO AUMENTA EL COLESTEROL

No es cierto. Durante muchos años se creyó que la yema del huevo hacía aumentar el colesterol en sangre. Numerosos estudios realizados en los últimos años han demostrado que no es así. Al contrario de lo que se creía, se trata de un alimento muy completo, protector de enfermedades como la malnutrición o desnutrición, ya que ofrece proteínas de alto valor biológico, aporta grasas mono y polinsaturadas que son muy beneficiosas para la salud, minerales como el hierro, el selenio, el yodo, fósforo, zinc, potasio, magnesio y vitaminas, fundamentalmente del grupo B, A, D, E y su valor calórico es de 75 calorías.

MITO 11: LOS ALIMENTOS *LIGHT* TIENEN MENOS CALORÍAS QUE LOS COMUNES

Es falso. El Código Alimentario Argentino establece que un alimento puede ser considerado *light* cuando se encuentra reducido en un mínimo de un 25 % el contenido de carbohidratos, azúcares, grasas y sodio con respecto al producto original. Por eso, es muy importante que leas con cuidado el rótulo de las etiquetas, ya que la norma exige que en la proximidad del término *light* se especifique el nutriente al que hace alusión, es decir, tiene que aclarar reducido en qué es ese producto.

No siempre un producto *light* es reducido en calorías. Por ejemplo: existen muchas galletitas reducidas en grasas que cumplen con los requisitos para ser *light* en grasas respecto de las galletitas tradicionales, pero su valor calórico es igual o mayor porque poseen un alto contenido de hidratos de carbono.

MITO 12: EL AZÚCAR NEGRO O MASCABO APORTA MENOS CALORÍAS QUE EL AZÚCAR RUBIA

El azúcar mascabo es una forma de azúcar integral o más pura. Esto significa que no está refinada. Para fabricarla, se extrae el jugo de la caña de azúcar y se deja evaporar hasta conseguir un residuo seco que luego es molido. Aporta alrededor de 40 kcal en 2 cucharaditas y el exceso en su consumo, igual que en el caso del azúcar refinada, puede contribuir a elevar el valor calórico de la dieta, a incrementar los niveles de triglicéridos en sangre y los depósitos de grasa corporal. Por lo tanto, ¿es más pura? Sí. Pero el valor calórico es prácticamente el mismo que el del azúcar blanca.

MITO 13: COMER FRUTA DESPUÉS DE COMER HACE MAL

Esto es falso. Es un mito que también hace referencia a las dietas disociadas que carecen de estudios y evidencia científica. Las enzimas digestivas actúan con independencia del consumo de los alimentos, sean estos de diferentes tipos, en conjunto o no. Los alimentos son mezclas heterogéneas de nutrientes, con mayor o menor riqueza de alguno de ellos, por lo tanto, no pueden disociarse sus nutrientes.

MITO 14: PARA BAJAR DE PESO HAY QUE HACER UNA DIETA PROTEICA

No es así. Las proteínas son muy importantes en la dieta, pero deben ser consumidas en forma equilibrada, con moderación. Cuando se indican dietas altas en proteínas, es muy importante que se realicen por períodos muy cortos (1 o 2 días) y con control de un profesional, ya que su exceso puede provocar un desgaste peligroso de la función renal.

MITO 15: LA DIETA SIN TACC AYUDA A BAJAR DE PESO

Es falso. Las dietas sin TACC están indicadas para personas que padecen enfermedad celíaca. Según define la Asociación Celíaca Argentina, la celiaquía es la intolerancia permanente al gluten, conjunto de proteínas presentes en trigo, avena, cebada y centeno (TACC) y productos derivados de estos cuatro cereales. Se dice que la celiaquía es una enfermedad autoinmune, es decir, que el sistema de defensas de las personas celíacas reconocería como "extraño" al gluten y produciría anticuerpos o "defensas" contra el mismo. Estos anticuerpos lesionan el intestino lo que produce una alteración en la absorción de los alimentos. Por lo tanto, los alimentos sin TACC no son productos reducidos en calorías, simplemente no contienen gluten y suelen ser bastante más costosos.

TERCERA PARTE:

LOS PRIMEROS 1000 DÍAS

MENÚS Y RECETAS

Los primeros 1000 días hacen referencia al período que comienza en la concepción y se extiende hasta los dos años del niño. Este es un período de desarrollo y crecimiento muy importante ya que, a medida que el cuerpo crece, se desarrollan los sistemas digestivo e inmune y el cerebro. Más allá de la carga genética de tu bebé, el ambiente a su alrededor impacta sobre cómo se expresarán esos genes y esto comienza antes del nacimiento. Es la etapa en donde se alcanza mayor velocidad de crecimiento, y justamente son los nutrientes que ingerimos los que pueden facilitar ese proceso. **Es importante que sepas que la nutrición en esta etapa cumple un rol fundamental, ya que impacta sobre la salud a corto pero también a largo plazo.** Numerosos estudios científicos han demostrado que durante los primeros 1000 días, la nutrición juega un rol fundamental, ya que brinda la posibilidad de prevenir enfermedades no transmisibles como la obesidad, diabetes, alergias, retrasos de crecimiento y enfermedades del corazón en la edad adulta.

EL EMBARAZO

Lo mejor que puedes hacer, si estás pensando en tener un bebé, es prepararte y tomar medidas para que tu cuerpo se encuentre en condiciones óptimas para un embarazo. *¿A qué me refiero?* A que estés con un peso saludable, evalúes si tu alimentación es equilibrada para evitar deficiencias de nutrientes y, en el caso de que no lo sea, comiences a mejorar tus hábitos alimentarios. Es un buen momento para que consultes a tu médico y te hagas un chequeo completo. La clave es preparar y limpiar el *"ambiente"* y observar todas las situaciones a las que puedas estar expuesta.

Si los 1000 días críticos comienzan en la concepción, es momento de cuidar tu salud y también de proteger la salud futura de tu bebé.

¿Qué es lo más importante? Como ya mencioné, una alimentación completa y equilibrada, en la que incluyas todos los grupos de alimentos en las cantidades adecuadas. Sin embargo, dentro de cada grupo de alimentos es importante, siempre que sea posible, asegurar la variedad en el consumo de cada uno de los componentes. Por ejemplo, no es lo mismo el consumo exclusivo de un tipo de vegetales que la elección de diferentes tipos y colores de ellos que aportarán variedad de nutrientes.

¿Tienes que comer por dos? No. Sigue respetando las 4 comidas principales al día y las 2 o 3 colaciones que necesites. Elige colaciones nutritivas (frutas, yogur, queso, un puñadito de frutas secas, un huevo duro). Incluye lácteos descremados, huevo, carne vacuna, pollo y pescado (siempre bien cocidos), frutas, verduras (siempre bien lavadas) y aceites en crudo. Durante el primer trimestre no hay necesidad de aumentar las calorías de tu dieta, recién a partir del segundo trimestre se recomienda aumentar unas 300 calorías por día aproximadamente, de una dieta normal de 2000 calorías.

Según el Ministerio de Salud de la Nación, los siguientes son los nutrientes clave para reforzar durante el embarazo.

✂ Calcio

Es necesario para la formación ósea del feto y el mantenimiento materno. Durante el embarazo, el requerimiento de calcio aumenta pero no aumenta la recomendación de la ingesta del mismo ya que el organismo compensa el aumento de las demandas elevando su absorción. Pero, teniendo en cuenta que en la Argentina una elevada proporción de mujeres en edad fértil y embarazadas (94 y 88 % respectivamente) no consumen suficiente calcio, es importante que recuerdes la recomendación de 3 o 4 porciones al día de leche, yogures y quesos, que son la principal fuente de este mineral.

¿Cómo cubrir el requerimiento de calcio que necesitas en un día? Aquí te ofrezco un ejemplo:

DESAYUNO	Un vaso de leche descremada + 1 rebanada de pan con queso
COLACIÓN DE MEDIA MAÑANA	1 yogur
MERIENDA	1 licuado de leche con una fruta a elección

¿No es tan difícil, no?

✂ Hierro

La cantidad de hierro que una mujer embarazada debe consumir es un 50 % mayor en relación a la mujer no embarazada y es casi imposible cubrir esa cantidad solamente con alimentos. Por este motivo, y frente a la situación epidemiológica de Argentina en relación a la prevalencia de anemia y consumo de hierro, es indispensable que tu obstetra te suplemente (con hierro medicamentoso) desde el primer control hasta el término del embarazo.

Por tu lado, incluye en la alimentación carnes (vacuna, pollo, pescado), vísceras (hígado, riñón), morcilla y leches adicionadas con hierro. Si bien las carnes son la fuente de hierro por excelencia, otras fuentes de hierro son las legumbres, los vegetales de hoja verde y los alimentos fortificados. Como el hierro de estos alimentos no es de fácil absorción, se recomienda consumirlos con una pequeña porción de carnes y/o con vitamina C que podría provenir del uso de tomates frescos, frutas frescas o jugos frescos de frutas, especialmente cítricos. Por ejemplo: agrégale unas gotitas de limón a la preparación. Asimismo, es importante que no consumas té, mate, café ni gaseosas cola una hora antes o después de la comida ya que estas bebidas inhiben la absorción del hierro que no proviene de las carnes.

✂ Ácido fólico

Es indispensable durante el embarazo. Su función es la de prevenir los defectos del tubo neural, es decir, aquellos problemas que puedan surgir en el cerebro o en la médula espinal, labio leporino, paladar hendido y algunos problemas del corazón. Es importante consumir buenas cantidades de ácido fólico antes de la concepción y en las semanas iniciales del embarazo ya que los problemas de malformación anteriormente descriptos se originan durante las primeras cuatro semanas, por lo tanto, estas posibles alteraciones neuronales podrían producirse antes de que sepas que estás embarazada.

Esta vitamina es indispensable para acompañar la rápida división celular que se produce como así también reducir el riesgo de anemia. Durante los primeros 28 días del embarazo esta vitamina es fundamental para reducir hasta en un 75 % el riesgo de un embarazo afectado por malformaciones del cierre del tubo neural. Es deseable que la mujer haya consumido suficiente ácido fólico durante el período preconcepcional a través de una adecuada ingesta de alimentos y que el profesional indique los suplementos correspondientes.

¿Qué alimentos aportan ácido fólico? Los vegetales de hoja verde oscuro (espinaca, acelga, lechuga criolla, etc), el brócoli, el hígado, el riñón, las legumbres y los productos elaborados con harina enriquecida como pan, galletitas, pastas secas, etc.

✂ Omega 3

Es un ácido graso esencial, es decir que nuestro organismo no lo puede fabricar, por lo cual es necesario incorporarlo a través de los alimentos. Ofrece múltiples beneficios, tanto para la salud de la mamá, como para la del bebé. Entre otros, favorecer el desarrollo cerebral y visual y mejorar las defensas.

Puedes encontrarlo en el salmón, la caballa, el arenque, la trucha, las sardinas, los frutos de mar, los aceites (chía, soja y canola), los porotos de soja, las frutas secas (nueces, almendras, avellanas), el germen de trigo y las semillas de lino.

Algunas recomendaciones adicionales:

✂ Es recomendable que no bebas más de tres tazas de café por día.

✂ Evita el cigarrillo y las bebidas alcohólicas.

✂ Bebe abundante cantidad de líquidos (preferentemente agua) y no esperes a tener sed para hacerlo.

Según explica el Dr. Cormillot en su artículo "La salud futura comienza en el vientre materno" (www.drcormillot.com): *"La planificación del embarazo y los cuidados que toma la mujer embarazada son fundamentales en este proceso de los primeros 1000 días de vida, desde la concepción hasta los dos años. La lactancia materna y la nutrición complementaria oportuna y variada completan el esquema virtuoso que favorecerá el óptimo desarrollo físico, intelectual y emocional del niño".*

LACTANCIA MATERNA

Seguramente has escuchado hablar acerca de los múltiples beneficios que aporta, tanto para la mamá como para el bebé, en aspectos biológicos, sociales y económicos, la lactancia materna. ¿Por qué tanta insistencia al respecto? Porque la leche materna tiene todo lo que el bebé necesita y en las proporciones adecuadas, llega al bebé a la temperatura justa, es estéril y se absorbe y digiere mejor que las leches de fórmula. Además, desde el punto de vista inmunitario, aporta gran cantidad de anticuerpos que protegen al bebé de posibles infecciones. También, intensifica el vínculo entre la mamá y su bebé.

Los niños amamantados presentan menor incidencia de muerte súbita, desnutrición infantil, enfermedad celíaca, alergias e infecciones respiratorias, digestivas, urinarias y problemas dentales. La leche materna protege al niño de la diabetes mellitus, la obesidad y la hipercolesterolemia. La mamá provee tejido vivo que responde no solo a las necesidades nutricionales del bebé, sino también a la demanda inmunitaria y emocional del recién nacido.

Además, aporta beneficios para la mamá, ya que mejora el sangrado posparto, reduce el riesgo de padecer anemias y de la depresión posparto, permite una rápida recuperación física y un dato no menor: es más práctica.

La OMS recomienda la lactancia materna exclusiva durante seis meses, la introducción de alimentos apropiados para la edad y seguros a partir de entonces, y el mantenimiento de la lactancia materna hasta los 2 años o más.

¿Cuando comenzamos? ¡Cuánto antes! Lo ideal es durante la primera hora de vida. Si es posible, en la sala de partos, acerca a tu bebé al pecho. Ese primer contacto es fundamental para estimular la lactancia.

¿Cuántas veces al día tengo que amamantar? A demanda, tal como lo recomienda la OMS y todas las asociaciones de pediatría del mundo. No tienes que establecer horarios, rutinas o frecuencias fijas, ni tiempos de duración determinados, no es momento para esto. Se trata de una etapa de mucho instinto, en donde el tiempo ocupa un lugar secundario. **Amamantar a demanda** significa observar a tu bebé y alimentarlo cuando dé señales de que necesita mamar (por ejemplo, mueve la cabeza como buscando el pecho, abre la boca o llora). **La frecuencia es la que el bebé necesite**. De igual manera sucede con la duración de cada toma. Los recién nacidos succionan más lentamente, por eso sus tomas suelen ser más largas. A medida que va creciendo, la duración de las tomas se reduce porque consigue la cantidad de leche que necesita en menos tiempo.

¿Tengo que despertar al bebé de noche para amamantarlo? NO. Si tienes la suerte de que tu bebé mama varias veces al día, es un bebé sano, está aumentando bien de peso y además duerme bien de noche… ¡NO LO DESPIERTES! Es importante respetar su descanso y también el tuyo.

El período de amamantamiento es un momento muy intenso, en el que las emociones se encuentran a flor de piel. Quieres reírte y llorar al mismo tiempo, suelen surgir algunos miedos y dudas (sobre todo cuando se trata de una mamá primeriza). Es frecuente que las mamás se pregunten *¿podré amamantar?, ¿y si no tengo suficiente leche?, ¿y si mi leche no le alcanza o no es lo suficientemente nutritiva?*… Los interrogantes se acumulan y también se multiplican los consejos de todo tipo, las recomendaciones, las anécdotas y las diferentes experiencias que las madres del entorno van aportando y sugiriendo. Mi consejo es que te informes bien, que confíes en ti misma y te sientas tranquila y segura. Cuanto más relajada te encuentres, mejor fluirá y se estimulará la lactancia. Conéctate con tu bebé, obsérvalo y profundiza ese vínculo que es único. Estás preparada naturalmente para esto. Todas las mujeres (excepto en casos muy puntuales relacionados con enfermedades muy específicas) pueden fabricar leche para sus bebés. Incluso, existe evidencia de que mamás con grandes carencias nutricionales, que viven en situaciones de pobreza y precariedad extremas, producen leche materna de calidad. Existen pequeñas variaciones individuales derivadas de la dieta, pero durante este período, el organismo de la mamá prioriza naturalmente las necesidades nutricionales del bebé.

Durante los primeros días, vas a producir calostro, un líquido viscoso muy rico en proteínas y minerales. Esta mayor proporción de proteínas va disminuyendo a medida que se produce un aumento progresivo de las grasas y de la lactosa hasta alcanzar la proporción de la leche madura.

¿Por qué se afirma que todas las mujeres estamos preparadas naturalmente para amamantar? ¿Es real?

Para derribar un mito, nada mejor que la evidencia. A continuación te voy a contar algo bastante teórico, pero sin duda se trata de información que te traerá tranquilidad.

Durante el embarazo y las primeras semanas posparto, la producción de leche depende de dos hormonas: la prolactina y la oxitocina.

La oxitocina provoca la subida de la leche y no solo responde a estímulos táctiles. A veces (*¡y me ha sucedido con mis hijas!*) oír llorar al bebé, pensar en él, oler su ropita, desencadena un flujo de oxitocina en sangre y la mamá siente que el pecho se llena de leche y gotea.

La prolactina hace que la glándula mamaria fabrique leche. Cada vez que el bebé mama, aumenta la prolactina, por lo tanto, se autorregula la cantidad de leche de acuerdo a la demanda del bebé.

La ansiedad, el miedo, el estrés y la falta de confianza pueden bloquear momentáneamente la liberación de oxitocina y dificultar la lactancia, por esto es fundamental que la mamá se sienta confiada, segura y en un ambiente de contención. (*¡El papá o los seres queridos más cercanos son fundamentales para brindar este tipo de apoyo!*)

Esta autorregulación durante las primeras semanas hace que, para que no le falte leche al recién nacido, se fabrique más de la necesaria. Cuando la glándula empieza a adaptarse a la demanda del bebé, esto se *"ajusta"* y fabrica leche para el momento en que el bebé demanda.

Prueba acercar a tu bebé al pecho, y verás que él instintivamente te buscará. Notarás que gira la cabecita y hace movimientos de succión con la boca. Entonces el bebé se agarra del pecho formando un *"cierre hermético"* alrededor del pezón y la areola mamaria con la boca. No te preocupes si no sale o se dificultan las primeras veces. Tranquila, no te presiones. Incluso estos primeros intentos que funcionan como *"práctica"* son altamente positivos para ambos. A algunas mamás les resulta muy sencillo y sale a la perfección al primer intento, en cambio a otras les cuesta un poquito más. (*A mí me costó bastante con Violeta y recuerdo la presión que sentía en cada intento. Eso seguramente no me ayudó.*)

No te compares con tus amigas, tu mamá o tu suegra. Cada una vivió su propia experiencia. Sin desanimarte y respetando tus tiempos y los de tu bebé, continúa practicando con mucha paciencia y tranquilidad hasta que ambos se acostumbren y la lactancia esté establecida.

¿En que situaciones está contraindicada la lactancia?

Según la Academia Americana de Pediatría, existen algunas situaciones puntuales en que la lactancia puede estar contraindicada. Aquí las mencionamos:

- Síndrome de Inmunodeficiencia adquirida (SIDA-VIH) de la mamá, ya que el virus es capaz de pasar a través de la leche materna y contagiar al bebé si este no se contagió durante la gestación.

- Cáncer: depende del estado general y tipo de tratamiento que esté recibiendo la mamá. Pero, amamantar después de un cáncer mamario tratado, no significa ningún riesgo.

- Tuberculosis, lesión mamaria por herpes simple, drogas de abuso ilegales, varicela durante el período de contagio, tratamiento con algunos fármacos (consulta con tu médico).

¿Qué hacer para tener más leche? Al respecto, también he leído y escuchado gran cantidad de consejos que carecen de evidencia científica y que, en muchos casos, pueden resultar peligrosos para la salud. Así que hay que ser muy cuidadosos. La única forma de producir mucha leche es dando de mamar muchas veces (a demanda del bebé) y vaciando la glándula mamaria en cada toma.

Algunas mamás deciden o tienen que sacarse leche (en forma manual o con sacaleches) y almacenarla. Esto es muy habitual cuando finaliza la licencia por maternidad, y la mamá debe volver al trabajo pero quiere continuar con la lactancia. **¿Qué hay que tener en cuenta?**

- Utiliza siempre un recipiente de plástico donde la leche pueda guardarse tapada herméticamente hasta que la necesites. En las farmacias también venden bolsitas diseñadas para este uso.

- Puedes guardarla en la heladera hasta 3 días y en el freezer hasta 12 meses.

- Para entibiarla, no la coloques al fuego directamente ni uses agua hirviendo. Coloca el recipiente que contiene la leche dentro de una olla con agua caliente o debajo de una canilla en la que fluye el agua caliente. Ten mucho cuidado si usas el microondas. No es recomendable, porque no calienta de manera uniforme.

¿Cómo es conveniente que te alimentes durante la lactancia?

Lo primero que quiero decirte es que no es momento de hacer dieta estricta para bajar de peso. En todo caso, puedes pedirle a un profesional que te ayude a armar un plan personalizado para esta etapa. La buena noticia es que la lactancia te ayuda a recuperar tu peso.

Como recomendación general, continúa con las 6 comidas diarias, bebe mucha cantidad de líquido, preferentemente agua. También puedes beber soda o jugos sin azúcar. Evita el exceso de café , gaseosas cola y té (por la cafeína), y el consumo excesivo de grasas provenientes de galletitas, productos de pastelería, golosinas y snacks.

Y MUY, PERO MUY IMPORTANTE:

Asegúrate una ingesta adecuada de calcio. Por ejemplo: 2 vasitos de yogur descremado + 1 vaso de leche descremada + 1 porción de queso port salut.

Y no te olvides de evitar el cigarrillo y el alcohol.

ALIMENTACIÓN COMPLEMENTARIA

¿Cuándo está preparado el bebé para comenzar a recibir alimentos?

Aproximadamente a los 6 meses maduran las funciones digestivas, renales y neurológicas de los bebés. Esto significa que está capacitado para digerir alimentos semisólidos, salivar, tragar, toser, sostener la cabeza y sentarse sin apoyo, tomar objetos con las manos y llevárselos a la boca, morder y realizar movimientos masticatorios.

Tanto la Sociedad Argentina de Pediatría como la OMS recomiendan comenzar con la alimentación complementaria alrededor de los 6 meses, pero hay bebés que pueden tardar un poco más en madurar estas funciones. Es imprescindible observar a los niños y también utilizar el sentido común para comenzar.

¿QUÉ ES LA ALIMENTACIÓN COMPLEMENTARIA?

Según la OMS, Alimentación complementaria es el proceso que se inicia cuando la leche materna no es suficiente para cubrir los requerimientos nutricionales del lactante, por lo tanto son necesarios otros alimentos y líquidos, además de la leche materna. El rango etario para la alimentación complementaria, generalmente es considerado desde los 6 a los 12 meses de edad, aun cuando la lactancia materna debería continuar más allá de los dos años, o sea que comenzamos a introducir alimentos, pero CONTINUAMOS CON LA LACTANCIA MATERNA, de ahí el término "complementaria". Complementamos la leche materna, no la sustituimos.

En este período, lo más importante es que el bebé pruebe diferentes sabores, texturas, aromas y, fundamentalmente, que explore y disfrute. No es necesario que coma grandes cantidades o "se termine todo el plato" para que crezca. De a poquito, a través de los alimentos, también irá incorporando nutrientes que colaborarán con su óptimo desarrollo y crecimiento y que cubrirán los requerimientos nutricionales cerca del año, cuando la leche materna ya no sea suficiente.

Me parece muy importante transmitirte esto porque recibo muchas consultas de mamás preocupadas porque sus bebés "no quieren comer" o "no se terminan toda la papilla". No importa. Esta no es una etapa para te preocupes por eso. Sí, en cambio, es una buena oportunidad para que el momento de "comer" sea un espacio de juego con tu bebé, para compartir la mesa familiar y afianzar aún más el vínculo. Ofrécele alimentos y permite que pruebe con las manos y saboree. A veces notarás que muestra mayor interés y otras no tanto. Respeta sus tiempos. En este periodo, es el bebé quien te guía, así que lo mejor que puedes hacer es acompañarlo sin presiones ni apuros.

Siéntalo a la mesa, deja que observe los alimentos que se sirven en la mesa familiar, que juegue, que toque, que copie, que imite, con control pero sin rigidez, favoreciendo su independencia sin llegar al caos. Es un espacio de intercambio tanto para la mamá como para el bebé. Intenta que sea un espacio para compartir en familia en forma armónica. Los niños que comen bajo presión desarrollan conductas negativas, como rechazo o rebeldía hacia los alimentos. Tu bebé está realizando sus primeras experiencias con la comida y es allí cuando se establece el impacto que repercutirá luego para toda su vida, ya que está formando sus primeros hábitos. Como sostienen Karina Eilenberg y Sabrina Gatti Wosner, en su libro *Yo amo comer*: "Comer no es un aprendizaje racional, como puede ser un segundo idioma, jugar a la pelota o andar en bicicleta. Comer es un hito madurativo dentro del desarrollo de los humanos. Es un proceso que se adquiere conforme la imitación, la observación y el despliegue de habilidades propias, sucesivas y escalonadas. Más parecido a caminar o a hablar, lo que es fundamental es que exista para el bebé la oportunidad de ejercitar su habilidad innata. La exposición a los estímulos adecuados le va a permitir ir adquiriendo solo los diferentes estadios. En un comienzo comer no significa tragar. Es explorar, descubrir, escupir, experimentar con todos

los sentidos, hacer arcadas, vomitar, ensuciar y jugar. To-
das son instancias fundamentales en este desarrollo".

Ofrécele variedad de sabores y texturas, de a poco, uno por uno, nadie ni nada te apura. Lo más importante es que tu bebé comience a familiarizarse y a descubrir progresivamente esos sabores que paulatinamente se irán transformando en alimentos que integrarán su alimentación habitual.

¡Déjalo que toque la comida! Asegúrate de que los alimentos no estén ni muy fríos ni muy calientes, lava bien sus manos, conserva sus uñas cortas y permite que, bajo tu compañía y cuidado, explore con libertad. Esto le da cierta autonomía que le permite adquirir confianza. Háblale con cariño, cuéntale lo que comerá, muéstrale los utensilios, anticípale cada cosa que irá sucediendo. Obsérvalo y deja que controle la cantidad que quiere comer, así le das la posibilidad de que aprenda a asociar el comienzo de la alimentación con las sensaciones de hambre y la finalización de la comida con la saciedad. Intenta que no haya distracciones como la televisión, el celular o de cualquier otro tipo, para poder generar ese tiempo de conexión con él.

Es importante que no utilices los alimentos como premio o castigo del estilo *"Si comes toda la ensalada, no puedes comer chocolate"* o *"Hasta que no termines la tarea no hay postre"*. De esta manera, estarías "premiando" con alimentos poco convenientes (con alto contenido de azúcares y grasas) y "castigando" con los más convenientes. En consecuencia, estarías asociando determinados comportamientos con los alimentos menos convenientes, dotándolos de un valor positivo tales como la gratificación y el placer. En contrapartida, estarías relacionando los alimentos más saludables con un valor negativo que en el futuro accionará como rechazo a los mismos. Recuerda que utilizar los alimentos como premio o como castigo condiciona la variedad futura de la alimentación de tu niño.

La clave es enseñarles, desde muy pequeños, que los alimentos son necesarios para crecer sanos y fuertes, y ser conscientes de que las conductas que tengamos los adultos frente a la alimentación será la que aprendan e imiten nuestros hijos.

¿Antes de la comida lo amamanto? Sí. Se sugiere comenzar ofreciéndole el pecho, cuando está tranquilo. Además, de esta manera, nos aseguramos de que la alimentación complementaria no ocasione un destete precoz en tu bebé.

¡COMENZAMOS!

Para empezar, ofrece alimentos de a uno por vez, para ir probando la tolerancia a los mismos, la aceptación de nuevos sabores y texturas y detectar posibles alergias o reacciones adversas como irritabilidad, erupciones, diarrea o malestar general. Insiste con cada uno varias veces, hasta que sean aceptados, con mucha paciencia, ya que la preferencia hacia los alimentos aumenta con la exposición reiterada. Muchas veces, se requiere que prueben entre ocho y diez veces un alimento hasta que finalmente lo acepten. **No creas que no le gustó después de las primeras cucharadas, recuerda que es su primer contacto con ese alimento.** Prueba con cucharaditas pequeñas y aumenta la cantidad en forma progresiva, respetando su demanda. Además, te sugiero que en esta etapa tu bebé tenga su propio plato, vasito y cuchara.

¿Qué alimentos no se recomiendan?

A continuación te ofrezco una lista de alimentos que no son necesarios incorporar en esta etapa.

SAL

No es necesario ni conveniente agregar sal, ya que los alimentos ya contienen suficiente sodio natural para cubrir los requerimientos del niño. Además, el consumo de sal adicional en esta instancia, fomenta hábitos poco convenientes que serán muy difíciles de revertir en la edad adulta.

MIEL

No debemos darle miel hasta cumplir el primer año, ya que puede ocasionar botulismo (enfermedad causada por la bacteria *Clostridium Botulinum* que en los lactantes puede ser mortal debido a la inmadurez del intestino).

FIBRAS

Evitar preparaciones con harina integral, como salvado de avena y trigo, para que no interfieran con la correcta absorción de algunos nutrientes.

AZÚCAR

No es necesario agregar azúcar a las preparaciones. Evita el consumo de productos que la contienen en exceso como golosinas, dulces o bebidas. El azúcar induce a formar hábitos poco saludables y tiene un alto poder cariogénico (causa de caries).

PICANTES

Deben evitarse todas las comidas muy condimentadas o picantes.

ALIMENTOS DE TAMAÑO PEQUEÑO

No deben ser consumidos durante el primer año de vida, ya que pueden bloquear la tráquea y producir asfixia por aspiración. Esto incluye arvejas, lentejas, garbanzos, porotos, nueces, uvas, choclo, maní, cubos de manzana o pera, caramelos, etc.

CALDOS COMPRADOS

No están recomendados, ya que contienen un gran contenido de sodio. Prepara caldos caseros. Para ahorrar tiempo, prepara cantidad extra, divídela en porciones y consérvalas en el freezer.

¡MUCHÍSIMO CUIDADO CON LA CARNE PICADA!

Se la considera de alto riesgo porque la flora bacteriana, que se encuentra en la superficie de la carne, pasa al interior y se hace más difícil que se alcance la temperatura necesaria para su eliminación (70 °C) durante la cocción, situación que puede provocar enfermedades con consecuencias graves para los niños. Si vas a usarla: pide que la piquen adelante tuyo, en el momento de la cocción fíjate que no queden partes rojas ni rosas en el interior, y consúmela dentro de las primeras 48 horas.

ADEMÁS...

Hasta que cumpla un año, y por ser considerados productos alérgenos, no le des frutilla, kiwi, chocolate, nueces, maní o mariscos.

Por último...

Una consideración acerca de **la consistencia de los alimentos**. Cuando comienzas con las papillas, a los 6 meses, los alimentos deben estar pisados o triturados. Trata de no licuarlos porque esto puede dificultar la adaptación de los niños a las nuevas texturas. A medida que tu bebé crezca, irá desarrollando su habilidad y coordinación para morder, masticar y tragar, lo que permitirá la incorporación de alimentos con mayor consistencia.

Enfermedades de transmisión alimentaria

Se trata de las enfermedades transmitidas por alimentos que suponen un impacto importante para la salud. Las mismas pueden clasificarse, según el mecanismo de cómo se producen, de la siguiente manera:

✂ Intoxicación

Es una enfermedad que generalmente ocurre dentro de las primeras 1 a 36 horas posteriores a la ingestión de alimentos contaminados. Los contaminantes pueden ser microorganismos (bacterias, virus, hongos), ciertas sustancias químicas, metales y venenos vegetales. Sus síntomas pueden durar entre un día y una semana, e incluyen uno o varios síntomas generales vistos.

✂ Infección

Es la enfermedad producida por la ingestión de los microorganismos que, cuando se les proporcionan las condiciones de temperatura, humedad y nutrientes adecuados durante un tiempo suficiente, crecen y posteriormente se multiplican en el organismo del huésped (el consumidor) hasta alcanzar el número necesario para enfermarlos. Por ejemplo, la salmonella o la brucelosis. Al respecto, es importante aclarar que, por lo general, la persona encargada de manipular los alimentos es la que puede producir el desencadenamiento de una enfermedad de transmisión alimentaria, y que la mayor parte de las veces ocurre por falta de higiene o descuidos en la manipulación. Por lo tanto, **es fundamental conocer algunos puntos sobre higiene y conservación.**

¿Qué tienes que tener en cuenta para que los alimentos sean inocuos?

La inocuidad de los alimentos engloba acciones encaminadas a garantizar la máxima seguridad posible de los alimentos y abarca toda la cadena alimenticia, desde la producción hasta su consumo.

¿Qué puedes hacer en casa?

Para evitar intoxicaciones alimentarias es importante que sepas qué cuidados de higiene personal y de los alimentos son necesarios. No es cuestión de volvernos locos y obsesionarnos con la lavandina y los líquidos antibacteriales, pero sí existen algunos tips básicos a los que debemos prestar atención:

1. Higiene personal y para la elaboración de los alimentos

Siempre lava bien tus manos y las de tu bebé antes de preparar los alimentos, antes de comer, luego de ir al baño o cambiar pañales y al llegar a casa. Lava y desinfecta todas las superficies, utensilios y equipos usados en la preparación de alimentos. Protege los alimentos y las áreas de la cocina de insectos, mascotas o de otros animales.

Mantiene las uñas de tu bebé cortas y ten cuidado del contacto con los alimentos si estás resfriada o con tos, porque cualquier infección puede contaminarlos. Evita tocarte la nariz, el pelo y la boca. Si vas a estornudar o toser, tápate la boca con la cara interna del codo y lávate las manos inmediatamente.

Es clave que siempre utilices agua potable para cocinar, higienizar utensilios, mesadas, esponjas o equipos de cocina. Si no tienes acceso a ella o dudas de su calidad, puedes potabilizarla hirviéndola durante cinco minutos o agregándole dos gotas de lavandina por cada litro de agua. Déjala en reposo durante 30 minutos en un recipiente tapado antes de usarla.

Separa los alimentos crudos de los cocidos

Separa siempre los alimentos crudos de los cocidos y de los listos para consumir. Cuando lo hagas, usa equipos y utensilios diferentes, como cuchillas o tablas de cortar, para manipular carnes y otros alimentos crudos. Conserva los alimentos en recipientes separados para evitar el contacto entre crudos y cocidos.

Los alimentos crudos, especialmente carnes, pollos, pescados y sus jugos, pueden estar contaminados con bacterias peligrosas que pueden transferirse a otros alimentos, tales como comidas cocidas o listas para consumir, durante la preparación de los alimentos o mientras se conservan.

2. Higiene en la conservación de los alimentos

La contaminación en los alimentos se produce en función del tiempo y la temperatura a la que son expuestos, ya que en condiciones inadecuadas los microorganismos encuentran el lugar ideal para su supervivencia y proliferación. Siempre conserva los alimentos en lugares limpios, secos y frescos. La temperatura de la heladera debe ser de 5 °C o inferior.

¿Cómo guardar los alimentos en la heladera?

La primera consideración a tener en cuenta es en relación con la temperatura conveniente de los alimentos. Recuerda mantener los alimentos a temperaturas seguras. El tiempo máximo para dejar alimentos cocidos a temperatura ambiente es de 2 horas. Mi recomendación es que los refrigeres lo antes posible una vez que se hayan enfriado (preferentemente por debajo de los 5 °C). Asimismo, no guardes las comidas preparadas durante mucho tiempo, ni siquiera en la heladera. Consúmelas durante las primeras 48 h una vez refrigeradas.

De cara a la heladera, lo primero que tenemos que evitar es la contaminación cruzada (transferencia de agentes contaminantes de una superficie sucia a una limpia). Suena terrible, pero si tienes en cuenta algunos consejitos es muy fácil de controlar.

CONSEJOS PARA EVITAR LA CONTAMINACIÓN CRUZADA

- Ubica los productos listos para consumir en los estantes superiores y los vegetales, las frutas y las carnes crudas en los estantes inferiores.

- Guarda todo tapado, utiliza recipientes con tapa, bolsas herméticas o envuelve con plástico de cocina.

- Los alimentos cocidos deben entriarse perfectamente antes de ser guardados en la heladera. Deja secar los vegetales cocidos antes de introducirlos en bolsas o contenedores herméticos, ya que el agua condensada acelera su descomposición.

- Las frutas, verduras y las hierbas se mantienen en buenas condiciones fuera de bolsas o contenedores, directamente en los cajones destinados a su almacenamiento.

- Las hierbas frescas se almacenan envueltas en hojas de papel absorbente de cocina.

- Las frutas enteras pueden dejarse a temperatura ambiente. Si las cortaste, guárdalas envueltas en film o dentro de un recipiente con tapa.

A continuación, detallo el orden ideal de almacenamiento en la heladera.

ESTANTES, COMENZANDO DESDE LOS SUPERIORES A LOS INFERIORES
1) Carnes cocidas, guisos, panes, cremas dulces y otros alimentos listos para comer.
2) Quesos frescos, maduros, crema, yogur, leche y todo tipo de productos lácteos. En el caso de los quesos frescos, retirar de sus empaques originales, escurrir excedentes de líquido y envolver con plástico de cocina. Guardarlos en contenedores con tapa o bolsas herméticas.
3) Salchichas, jamones cocidos y otras carnes frías, ya sean para cocinar o listas para consumir. Secar excedentes de humedad, envolver en plástico de cocina conservando la forma original y almacenar en bolsas herméticas o en contenedores con tapa.
4) Hortalizas y hierbas frescas.
5) Frutas enteras, en porciones y vegetales.
6) Pollo, pescado, cerdo, res y todo tipo de carnes crudas. Siempre en envases con tapa.

PUERTA
1) Productos de uso constante, como aderezos, salsas y conservas.
2) En cuanto a jugos, vinos, leche y demás envases con líquidos, es importante limpiar perfectamente las botellas y los contenedores para evitar la contaminación cruzada.
3) Guardar los huevos en lugares con protección. No lavarlos antes de guardarlos en la heladera ya que la cáscara pierde la protección natural que posee tornándose permeable y quedando más susceptible a posibles contaminaciones.

Ahora que ya hemos organizado la heladera, *pasemos al freezer.*

¿Qué tienes que saber?

El freezer, ese genial invento, nos ayuda a organizar y aprovechar el tiempo, porque podemos cocinar porciones dobles o triples y guardarlas para consumirlas en otro momento. De esta manera, siempre tenemos *"comida caserita"* disponible para cuando llegamos cansados, o para cuando nos olvidamos de pasar por el supermercado o simplemente porque no tenemos ganas de cocinar (*¡a todos nos pasa!*). Sin duda, es un gran aliado, por lo cual, para aprovechar al máximo sus beneficios, es importante tener en cuenta lo siguiente:

1. La temperatura del freezer debe ser siempre inferior a -18 °C . Es necesario verificarlo en forma regular y, si es necesario, llamar a un técnico para que lo revise.

2. Cuando retires un alimento frizado, no vuelvas a congelarlo o a frizarlo. Esto es muy importante y es indispensable cumplirlo. Excepto que, por ejemplo, hayas descongelado pollo crudo para hacerlo a la plancha. El sobrante, ya cocido, puedes guardarlo en el freezer. Es decir, solo si el alimento en cuestión cambió de estado. En cambio, si descongelaste el pollo crudo y antes de cocinarlo crees que es mucha la cantidad, no es conveniente que vuelvas a frizarlo. Será mejor que lo cocines todo y guardes en el freezer las porciones cocidas que no consumas.

3. Siempre deja enfriar los alimentos antes de frizarlos. Si los guardas calientes, provocarás que aumente la temperatura del freezer y se interrumpa la cadena de frío.

4. Guarda los alimentos a frizar en recipientes con tapa o en envases herméticos y rotúlalos. Escribe en una etiqueta qué alimento estás guardando y la fecha de elaboración. Esto evitará posibles contaminaciones.

¿Cómo descongelar los alimentos frizados?

Hay tres formas de hacerlo. La manera ideal es pasar a la heladera la noche anterior lo que vas a cocinar el día siguiente, así se va descongelando lentamente. Siempre colocándolo sobre un plato o en un recipiente para evitar que la pérdida de líquidos contamine otros alimentos en el interior de la heladera. Si te olvidaste o decidiste a último momento que vas a utilizar algo del freezer, puedes descongelarlo en el microondas o bien saltear este paso y colocarlo directamente en una ollita al fuego o en la fuente del horno. Recuerda que lo que no debes hacer es dejar los alimentos descongelándose a temperatura ambiente.

¿Cuánto duran los alimentos en el freezer?

Existen muchas recomendaciones y tablas con respecto a cuánto tiempo duran; mi recomendación es que no superen los 30 días.

MÉTODOS DE COCCIÓN

Si bien es muy importante la calidad de los alimentos que consumimos, también lo es el método de cocción que elegimos, ya que muchas veces podemos perder nutrientes o utilizar aceite en exceso y transformar esa preparación saludable en otra bastante más calórica o grasosa de lo que nosotros suponemos. Por esto es importante conocer que algunos métodos de cocción son más convenientes que otros. Te recomiendo que utilices en forma habitual los que menciono a continuación, ya que son los que mejor conservan los nutrientes de los alimentos y requieren menor cantidad de materia grasa.

Al vapor

Es el más conveniente porque conserva mejor los nutrientes del alimento debido a que no hay inmersión en agua. Puedes utilizarlo para verduras y pescado.

Hervido

Es un tipo de cocción práctica y rápida, que nos saca de un apuro. Pero implica pérdida de nutrientes, que quedan en el agua de la cocción. Principalmente se perderán minerales y vitaminas hidrosolubles del grupo B y C. Para minimizar dichas pérdidas, te aconsejo que introduzcas las piezas cuando el agua está hirviendo, cuanto menos troceadas, mejor. También es importante no utilizar gran cantidad de agua y tapar la olla durante la cocción.

Si lavaste muy bien los alimentos previamente, utiliza el líquido de cocción para otras preparaciones (como caldo, por ejemplo) para aprovechar bien todos los nutrientes.

Este tipo de cocción no añade calorías al alimento.

A la plancha

También es una opción muy conveniente porque no es necesario agregar mucha materia grasa para que el alimento resulte sabroso. De cocción generalmente rápida, ideal para piezas no muy grandes y alimentos troceados o fileteados, ya sean carnes, verduras y hortalizas.

Al horno

Quizás uno de los más utilizados por su practicidad. Sin embargo, para que continúe siendo un método saludable, recuerda medir la cantidad de aceite que le agregues a la placa. El horno nos permite preparar piezas de alimentos de mayor tamaño. El tiempo de cocción dependerá del tamaño y peso de los alimentos que quieras preparar. Un tip importante: no sales los alimentos antes de cocinarlos, así evitarás que pierdan agua y sales minerales.

Un método muy conveniente para utilizar en el horno es al papillote (o *papillot,* consiste en envolver los alimentos en papel de aluminio o de estraza y cocinarlos en el horno a una temperatura media), porque los alimentos se cuecen en su propio jugo y mantienen mayor jugosidad. Es ideal para todo tipo de carnes, vegetales y hortalizas.

Wok

Es una forma de cocción en una sartén profunda y ovalada. La misma debe estar bien caliente antes del agregado de la materia grasa (en este caso, igual que en la plancha, es conveniente rociarlo con un poco de rocío vegetal o agregar una cucharadita de aceite y limpiar el excedente con un papel de cocina). Puedes utilizarlo para las verduras, hortalizas y carnes cortadas en trozos o tiras.

> **CONSEJITO**
> **(para cocinar al horno o wok)**
>
> Utiliza una placa bien caliente y agrégale un poco de rocío vegetal o de aceite y limpia el excedente con un papel de cocina. Resulta ideal para carnes, pescado, verduras y hortalizas.

Al microondas

También resulta un método muy práctico, que conserva los nutrientes de los alimentos y ahorra tiempo ya que es muy rápido. En este caso, es muy importante que sepas bien cómo es el funcionamiento de tu equipo, ya que siempre varían entre una marca y otra, y entre distintos modelos de una misma marca. Esto ayudará a que tus preparaciones se cocinen de la manera adecuada.

Además, es importante utilizar recipientes adecuados de vidrio templado, cerámica y porcelana para horno, sin bordes plateados o dorados, plásticos especiales para microondas, bolsas para freezer u horno, papel manteca, pirotines de papel, palitos brochettes y film adherente para tapar. No utilices recipientes metálicos, cerámica no esmaltada, papel reciclado (puede contener restos de metal), cristal, vajilla de terracota o barro, plástico no apto. De esta manera minimizas el traspaso de sustancias desde el material del envase al alimento.

¿Cómo cocinar las verduras en el microondas?

Lava con cuidado la verdura y córtala. Colócala en el recipiente. No es necesario que agregues agua. Tapa y lleva al microondas el tiempo que indique el manual de instrucciones.

ALGUNOS CONSEJITOS PARA TENER EN CUENTA
1) Las técnicas de cocción más convenientes para las carnes son la plancha, el horno y el hervido, porque no necesitan que le agregues materia grasa.
2) Para aprovechar y no perder los nutrientes de las verduras es mejor cocinarlas a baño maría o al vapor, ya que si las hierves, diluirás parte de sus sales minerales. Si optas por la técnica del hervido, recuerda emplear poca cantidad de agua y, siempre que sea posible, reutilizar el líquido de la cocción.
3) El calor de la cocción destruye vitaminas, por ello es conveniente consumir, como mínimo, una ración de verduras y hortalizas crudas al día.

¿CÓMO ORGANIZAR TU ALACENA?

En la alacena guardamos los alimentos no perecederos, que son aquellos que pueden deteriorarse con la contaminación o mal manejo de los mismos. Por ejemplo harina, azúcar, yerba, fideos, arroz, entre otros. Para cuidar su conservación es conveniente que tu alacena no se encuentre por encima de la heladera o del horno, porque son zonas en donde se genera mucho calor. La temperatura ideal de almacenamiento de tales alimentos es la temperatura ambiente, cercana a los 20 °C, con poca luz y seco.

Separa los alimentos dulces de los salados. Deja adelante los que compraste hace un tiempo y ubica más atrás aquellos comprados recientemente. Siempre guarda los productos abiertos en envases herméticos o con tapa.

LA COCINA, UN SITIO SEGURO

Ya te conté por qué debemos cuidar la higiene, manipulación y conservación de los alimentos. Pero existen otras situaciones que pueden ser riesgosas, sobre todo cuando tienes hijos pequeños. Toma nota:

✔ No guardes productos de limpieza en bajo mesada o en lugares de fácil acceso para los niños. Tampoco coloques estos productos en envases vacíos de alimentos y/o bebidas. Por ejemplo: lavandina en botellitas da gaseosa. Nunca hagas eso.
✔ Utiliza las hornallas de atrás para cocinar. Lo mismo para los mangos de las ollas y sartenes. Nunca deben quedar hacia adelante sobresaliendo de la cocina. Incluso podrías tener un accidente tú misma.
✔ Enséñale a los niños, desde muy pequeños, qué no pueden tocar, explicándoles con palabras sencillas y claras el peligro de hacerlo. Es importante que el NO vaya acompañado de una pequeña explicación que ellos puedan entender.

MENÚS

MANOS A LA OBRA

Ahora que ya has tomado nota de todas las consideraciones básicas que aseguran que tu familia estará alimentándose en forma segura, llegó el momento de poner manos a la obra y empezar a alimentar a tu bebé. No tengas miedo, utiliza el sentido común. No hace falta que conozcas de memoria todas las recetas ni las combinaciones exactas. Guíate por las indicaciones del pediatra y por tu buen criterio. Y disfruta de esta nueva etapa con seguridad y alegría.

¿Cómo armar el menú semanal en forma fácil y rápida?

Planificar es la base de una alimentación equilibrada. Además, nos permite ahorrar tiempo y dinero. No es difícil, es cuestión de práctica. Inténtalo durante un par de semanas y verás que, una vez que hayas adquirido el hábito, no podrás pensar la alimentación familiar de otra manera.

Los siguientes truquitos te ayudarán para organizarte:

1. Piensa las preparaciones respetando los gustos y las posibilidades familiares. Además, considera de cuánto dispones para las preparaciones. No es conveniente que bajes menús de internet porque no son personalizados. Confía en tu sentido común, nadie mejor que tú conocerá los gustos y las necesidades de tu familia.

2. Intenta hacerte un tiempo, quizás en la sala de espera de algún médico, mientras viajas o antes de dormir, y escribe 6 platos diferentes. Para que sea variado, trata de incluir uno de carne, uno de pollo, dos de pescado y uno de cereales, cada uno de ellos acompáñalos con vegetales en diferentes presentaciones: ensaladas, budines, al horno, purés, grillados. Para el postre, elige fruta fresca, y si quieres, de vez en cuando, algún postre lácteo.

3. Una vez que lo tengas escrito, tendrás tu planificación casi terminada. Resta que ubiques los platos en los diferentes casilleros semanales. No importa tanto si se repiten un poco, piensa que en un mes habrás sumado una variedad de 24 opciones para distribuir de diferentes maneras.

Es posible que mientras leas esto creas que en la teoría se ve ideal, pero que no dispones del tiempo necesario para preparar todas las comidas. La Licenciada en

Nutrición, Paula Basili, creadora del sitio Poulin, me dio las siguientes sugerencias, por cierto muy útiles porque nos ayudarán a organizarnos, aprovechando ese gran aliado, del que ya hablamos: el freezer.

SUGERENCIAS
Guarniciones

- Elegir un día para equiparnos de guarniciones.

- Cocinar al vapor o en una placa al horno, con un poco de aceite, variedad de vegetales (papa, batata, calabaza, zapallito, berejenas, brócoli, coliflor, espinaca, *¡un buen mix!*). Separar en porciones, colocar en bolsitas adecuadas y llevar al freezer.

- Lavar hojas verdes (lechuga, rúcula, radicheta, espinaca, escarola, etc), secar y guardar en la heladera en un recipiente forrado en papel de cocina. *¡Ideal para preparar ensaladas al instante!*

Salsas, caldos y guisos

- Las salsas, sopas y guisos son preparaciones que nos sacan de apuros. El día que elijas, prepara cantidad extra y lleva al freezer el excedente repartido en recipientes apropiados. *¡Así los tendrás listos para consumir la próxima vez!*

- Prepara salsa blanca y distribúyela en una cubetera o en vasitos individuales, y lleva al freezer. Será ideal como base de cualquier budín vegetal. Solo deberás mezclar una porción de salsa blanca, un huevo y el vegetal que elijas y llevar al horno.

Menú principal

- Frizar en separadores y en distintas bolsitas, filete de pescado, filete de pollo, milanesas, bifes, chuletas, hamburguesas caseras. Retirar las porciones que necesites el día que decidas consumirlas, colocar directamente sobre la plancha y acompañar con tu guarnición de vegetales.

- Cocinar legumbres y frizar en porciones. Cuando decidas usarlas, retira las porciones que necesites y prepáralas con los vegetales que más te gusten. *¡Tendrás una ensalada lista!*

Algunos secretitos:

✂ Siempre es bueno tener a mano papel de aluminio o bolsitas de horno. Cualquier corte de carne que quede bien al horno (carne, vaca, pescado, cerdo) y cebollas y morrones cortados en cubos te sacarán de cualquier apuro.

✂ A la mañana puedes bajar del freezer a la heladera los alimentos que tienes pensado preparar, de manera de asegurar su inocuidad al descongelar y que el alimento quede listo para usar.

✂ El límite de conservación de un alimento en el freezer es: para carnes crudas 6 meses, alimentos cocidos, 3 meses. Recuerda que los alimentos descongelados no pueden volver al freezer.

✂ Otra gran ventaja de planificar el menú semanal es que te permitirá anticipar la lista de compras. Esto es fundamental, porque así podrás elegir qué y cuánto comprar, evitar desperdicios y ahorrar, utilizando productos de estación, ofertas y descuentos. Si sabes con anticipación lo que tienes que comprar, podrás elegir dónde lo harás y qué cantidad necesitarás.

✂ A modo de ejemplo, te dejo una lista con alimentos básicos que no deberían faltar en la heladera y que pueden salvarte de casi cualquier apuro (puedes completarla con los alimentos que has incluido en tu propio menú semanal):

✔ Huevos
✔ Leche
✔ Yogur
✔ Queso fresco o port salut
✔ Fruta fresca
✔ Tomates
✔ Papa y zanahoria
✔ Algún churrasco

✂ Los menús se repiten dos días. Esto es necesario para probar la tolerancia. Los alimentos deben introducirse de a uno por vez y en forma reiterada, hasta que tu bebé los conozca y acepte

A continuación, te sugiero algunos menús y recetas de acuerdo a la "edad cronológica", para que comiences de a poquito a organizarte.

PRIMERA ETAPA: 6 MESES

Sugerencia de menú semanal

Notarás que tu bebé comienza a hacer movimientos laterales con la mandíbula, alcanza su boca con las manos, desaparece el reflejo de protusión (cuando la lengua empuja contra los dientes o entre ellos) y aumenta la fuerza de succión.

ALIMENTOS SUGERIDOS POR LA SOCIEDAD ARGENTINA DE PEDIATRÍA:

✂ Papa, batata, calabaza y zanahoria: bien lavadas, sin piel, sin semillas, al vapor, hervidas, al horno. Con aceite en crudo, con queso untable, leche materna o de fórmula. Bien pisadas.

✂ Manzana, banana, pera: bien lavadas, sin piel, ni hilos ni semillas. Frescas, al horno o en compotas. Ralladas o pisadas.

✂ Aceite: en crudo, de maíz, girasol u oliva.

✂ Carne vacuna: preferentemente cortes magros (nalga, bola de lomo, cuadril, lomo, peceto, cuadrada). Puedes utilizar otros cortes si le retiras la grasa visible. Siempre bien cocida, al horno, a la plancha, a la parrilla, hervida. Bien desmenuzada o triturada.

✂ Pollo: sin piel, bien cocido, al horno, a la parrilla, a la plancha, hervido. Bien desmenuzado o triturado.

✂ Se recomienda continuar con la lactancia e incorporar una comida al día.

MENÚ SEMANAL PRIMERA ETAPA		
	ALMUERZO O CENA	POSTRE
LUNES	Puré de calabaza	Banana pisada
MARTES	Puré de calabaza	Banana pisada
MIÉRCOLES	Puré de zanahorias	Puré de manzana
JUEVES	Puré de zanahorias	Puré de manzana
VIERNES	Puré de batata	Puré de pera
SÁBADO	Puré de batata	Puré de pera
DOMINGO	Crema de pollo con calabaza	Compota de manzana y pera

SEGUNDA ETAPA: 7 Y 8 MESES

Entre los 7 y los 12 meses continúa la maduración, cuya velocidad variará de un bebé a otro. Notarás que comienza a chupar la cucharita con los labios, se lleva objetos y las manos a la boca. Demuestra mayor interés por la comida inclinándose hacia adelante, abriendo la boca. Toma los alimentos con las manos, mordisquea, realiza movimientos laterales con la lengua, empuja la comida hacia los dientes, madura el control muscular de la cabeza, cuello y tronco, se sienta sin apoyo e insiste en tomar la cuchara con las manos aunque todavía no puede llevársela a la boca.

La indicación es continuar con la lactancia materna a demanda y realizar dos comidas al día.

ALIMENTOS SUGERIDOS PARA INCORPORAR EN ESTA ETAPA:

✂ Cereales y sus derivados: sémola, fideos, arroz, polenta, maíz, avena, fécula. Solos, con aceite, con queso untable o salsa blanca.

✂ Zapallitos, acelga: bien lavados, sin piel, sin semillas, al vapor, hervidos, al horno. Con aceite en crudo, con queso untable, leche materna o de fórmula. Bien pisados.

✂ Durazno, damasco, melón: bien maduros y bien lavados. Sin piel, sin semillas ni hilos. Frescas, al horno o en compotas. Ralladas o pisadas.

MENÚ SEMANAL SEGUNDA ETAPA				
	ALMUERZO	POSTRE	CENA	POSTRE
LUNES	Calabaza con cabellos de ángel	Manzana rallada	Puré multicolor	Durazno en almíbar
MARTES	Puré de palta con banana	Compota de pera	Crema de pollo y batata	Yogur
MIÉRCOLES	Carne con puré de papa	Banana pisada	Puré de manzana y zapallo	Compota de frutas
JUEVES	Polenta cremosa	Yogur con fruta	Pollo con puré de papa y pera	Puré de pera
VIERNES	Puré de arvejas	Durazno	Fideos con salsa blanca	Banana pisada
SÁBADO	Carne con puré de acelga y salsa blanca	Manzana rallada	Risotto con verduritas	Durazno
DOMINGO	Puré de lentejas, zanahoria y calabaza	Yogur	Puré de batata con avena	Manzana rallada

✂ Palta

✂ Quesos tipo cremoso o ricota.

✂ Papillas de legumbres: arvejas, lentejas, porotos, y garbanzos (bien cocidos, sin piel, pisadas y coladas).

✂ Pan blanco, fresco o apenas tostado.

✂ Galletas tipo vainilla.

✂ Yogur entero solo, con cereales o frutas.

TERCERA ETAPA: ENTRE LOS 9 Y 12 MESES

La indicación es continuar con la lactancia materna a demanda y realizar tres comidas al día.

ALIMENTOS SUGERIDOS PARA INCORPORAR EN ESTA ETAPA:

✂ Huevo entero con más de 10 minutos de cocción para preparar budines, flanes, tortillas, soufflés; NO frito NI crudo.

MENÚ SEMANAL TERCERA ETAPA			
	DESAYUNO	ALMUERZO Y POSTRE	CENA Y POSTRE
LUNES	Leche materna o de fórmula y una vainilla	Pastel de carne y calabaza. Manzana	Croquetas de brócoli. Banana
MARTES	Leche materna o de fórmula y galletitas de maicena	Hamburguesas de pollo. Pera	Canelones de espinaca. Durazno
MIÉRCOLES	Leche materna o de fórmula y budín de manzana	Ñoquis de batata. Yogur	Bifecitos con puré de papa. Compota de manzana
JUEVES	Leche materna o de fórmula y trozos de fruta	Soufflé de calabaza y queso. Banana	Pollo hervido con puré rosa. Banana
VIERNES	Leche materna o de fórmula y una vainilla	Sopa de verduras con municiones. Durazno	Guisito con carne. Manzana
SÁBADO	Leche materna o de fórmula y galletitas de avena	Polenta con leche y zapallo. Manzana	Puré de palta y banana.
DOMINGO	Leche materna o de fórmula y baybiscuit	Carne con papas cremosas. Pera	Puré de batata y avena. Pera

✂ Salsa blanca y queso rallado.

✂ Dulce de batata o membrillo.

CUARTA ETAPA: 12 MESES EN ADELANTE

A partir del año el bebé se incorpora a la alimentación familiar, pero puedes continuar con la lactancia materna si así lo deseas.

En esta etapa, notarás que el bebé realiza movimientos masticatorios rotatorios, adquiere estabilidad en la mandíbula y de a poquito aprende a utilizar los cubiertos: ya está listo para comer los mismos alimentos que come el resto de la familia. Esto, además de implicarle la posibilidad de incorporar nutrientes para cubrir sus requerimientos de salud, es muy significativo ya que le permite comunicarse, disfrutar, aprender por imitación las costumbres y hábitos alimentarios familiares, desarrollar conductas en grupo como compartir, saber esperar, aprender a usar su vasito, sus cubiertos. **Los adultos tenemos la responsabilidad y la oportunidad de aprovechar este espacio y hacer de el un auténtico encuentro con nuestra familia. Incluir este tiempo dentro de nuestras exigentes y agotadoras agendas, cargadas de responsabilidades, para interactuar con nuestros hijos, conversar con ellos, escucharlos, reírnos, acompañarlos, jugar y aprender con ellos, es clave para el crecimiento saludable de tu bebé y para el sostenimiento a futuro de sus hábitos alimentarios.** Dejemos las discusiones y los reproches para otro momento y propiciemos un espacio de tranquilidad para brindarles a los niños la confianza que necesitan para formar buenos hábitos que influirán en su salud futura.

En la página siguiente te ofrezco una sugerencia de menú semanal, para que compartas con tu familia.

MENÚ SEMANAL CUARTA ETAPA

	DESAYUNO	ALMUERZO Y POSTRE	MERIENDA	CENA Y POSTRE
LUNES	Leche materna o de fórmula con vainillas	Carne al horno con papas y zanahorias. Manzana	Galletitas de maicena	Brócoli gratinado. Banana
MARTES	Leche materna o de fórmula con baybiscuits	Arroz con pollo. Naranja	Leche materna o de fórmula con galletitas de avena y banana	Sopa de arvejas. Flan casero
MIÉRCOLES	Leche materna o de fórmula con trozos de frutas	Fideos con salsa boloñesa. Pera	Yogur con frutas	Mini hamburguesas caseras de carne. Mandarina
JUEVES	Arroz con leche	Milanesas de merluza a la napolitana. Compota de pera y durazno.	Leche materna o de fórmula y un muffin (sin harina ni azúcar)	Fideos con crema de espinacas. Manzana
VIERNES	Leche materna o de fórmula con 1 galletita de avena y banana	Pollo a la portuguesa. Ensalada de frutas	Milkshake de pera y manzana	Tortilla de vegetales. Postrecito lácteo.
SÁDADO	Leche materna o de fórmula con alfajor de maicena	Tarta de zucchini y zanahoria. Naranja	Leche materna o de fórmula con trozos de frutas	Nuggets de pescado con avena. Durazno
DOMINGO	Leche materna o de fórmula y muffin (sin harina ni azúcar)	Carne a la cacerola. Pera	Leche materna o de fórmula con vainillas	Crepes de espinaca y queso. Naranja

PURÉ DE CALABAZA O BATATA

 Para
2 porciones

 **Preparación**
15 minutos

 **Conservación**
Se puede frizar

INGREDIENTES

1 rodaja de calabaza o 1 batata pequeña

1 cucharada de leche materna o de fórmula

PREPARACIÓN

1. Pelar la calabaza y cortar una rodaja. Si optas por batata, lavar, pelar y cortar en cubos.

2. Colocar la rodaja de calabaza o los cubos de batata en una olla con agua hirviendo.

3. Cocinar 10 minutos aproximadamente o hasta que esté tierna.

4. Retirar, colar y dejar enfriar.

5. Incorporar la leche, pisar y mezclar.

6. Dejar entibiar y servir.

PURÉ DE ZANAHORIAS

 Para
2 porciones

 **Preparación**
15 minutos

 **Conservación**
Se puede frizar

INGREDIENTES

2 zanahorias

1 cucharadita de aceite de maíz

Una cucharada de leche materna o de fórmula

PREPARACIÓN

1. Lavar las zanahorias y pelar. Cortar en bastoncitos.

2. Colocar los bastoncitos en una olla, agregar el aceite y cubrir con agua potable. Hervir a fuego medio hasta que estén tiernos.

3. Retirar, agregar la leche y pisar para obtener un puré.

4. Servir tibio.

PURÉ DE MANZANA O PERA

 *Para*
1 o 2 porciones

 **Preparación**
10 minutos

 **Conservación**
Consumir en
el momento

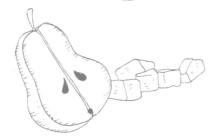

INGREDIENTES

1 manzana o 1 pera

PREPARACIÓN

1. Lavar y pelar la fruta elegida y cortar en cubos.

2. Cocinar 5 minutos al vapor. Retirar y conservar el jugo de la cocción.

3. Pisar con tenedor incorporando jugo de la cocción hasta obtener la consistencia de un puré y servir.

CREMA DE POLLO CON CALABAZA

 Para
2 porciones

 **Preparación**
20 minutos

 **Conservación**
Se puede frizar

INGREDIENTES

*80 g de pechuga de pollo deshuesada y sin piel
(aproximadamente una tercera parte)*

250 g de cubos de calabaza (aproximadamente ¾ taza)

1 cucharadita de aceite

1 cucharada de leche materna o de fórmula

PREPARACIÓN

1. Hervir el pollo. Retirar, incorporar el aceite y la leche; procesar.

2. Colocar en una olla con agua hirviendo los cubos de calabaza y hervir hasta que estén tiernos. Retirar y pisar hasta obtener la consistencia de un puré.

3. Mezclar la calabaza con el pollo procesado y servir.

CALABAZA CON CABELLOS DE ÁNGEL

 **Para** 2 porciones

 **Preparación** 20 minutos

 **Conservación** Consumir en el momento

INGREDIENTES

1 taza de caldo (mejor si es casero)

1 rodaja de calabaza

1 nido de fideos cabellos de ángel

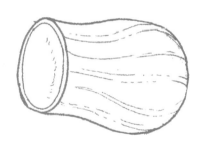

PREPARACIÓN

1. Calentar el caldo hasta alcanzar el punto de primer hervor.

2. Cortar la calabaza en cubos y agregar al caldo

3. Cocinar 10 minutos.

4. Incorporar los cabellos de ángel, y hervir 8 minutos más.

5. Retirar, pisar con tenedor y servir.

PURÉ MULTICOLOR

 Para
2 porciones

 **Preparación**
15 minutos

 **Conservación**
Se puede frizar

INGREDIENTES

½ batata

½ papa

½ calabaza

½ taza de leche

1 cucharadita de queso untable

½ cucharadita de aceite de maíz

PREPARACIÓN

1. Cortar la papa, la calabaza y la batata en cubos.

2. Llevar a una olla y hervir hasta que estén tiernas.

3. Retirar, incorporar la leche, el queso y el aceite.

4. Pisar con tenedor, mezclar, dejar enfriar y servir.

PURÉ DE PALTA CON BANANA

 *Para*
2 porciones

 **Preparación**
5 minutos

 **Conservación**
Consumir en
el momento

INGREDIENTES

1 palta

1 banana

PREPARACIÓN

1. Pelar la palta y la banana.

2. Colocar ambas frutas en un bol, pisar, mezclar y servir.

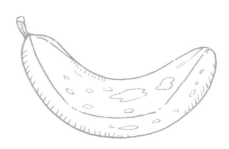

CARNE CON PURÉ DE PAPA

 Para
2 porciones

 **Preparación**
10 minutos

 **Conservación**
Consumir en
el momento

INGREDIENTES

*Un bife de aproximadamente 100 g (optar por cortes magros
y desgrasados, cuadril o peceto, por ejemplo)*

1 papa mediana

1 cucharadita de aceite de girasol

1 cucharada de leche

PREPARACIÓN

1. Cocinar la carne a la plancha, de ambos lados, 8 minutos por lado.

2. Retirar y cortar en tiras delgadas.

3. Lavar y pelar las papas. Cortar en cubos y hervir hasta que estén tiernas.

4. Retirar y pisar, incorporando el aceite y la leche, hasta lograr la consistencia de un puré.

5. Servir el puré junto con la carne.

PURÉ DE MANZANA Y ZAPALLO

 Para
2 porciones

 **Preparación**
10 minutos

 **Conservación**
Consumir en
el momento

INGREDIENTES

1 taza de cubos de calabaza

1 manzana pelada y cortada en cubos

PREPARACIÓN

1. Hervir los cubos de calabaza 5 minutos.

2. Agregar los cubos de manzana y cocinar todo junto 3 o 4 minutos más.

3. Retirar, colar y pisar hasta obtener la consistencia de un puré. Servir.

POLENTA CREMOSA

 *Para*
2 porciones

 **Preparación**
10 minutos

 **Conservación**
Consumir en
el momento

INGREDIENTES

1 taza de leche

3 cucharadas de polenta

1 cucharada de queso untable

PREPARACIÓN

1. Calentar la leche hasta que comience a hervir.

2. Bajar el fuego, incorporar la polenta en forma de lluvia, sin dejar de revolver para evitar que se formen grumos. Cocinar un minuto y retirar del fuego.

3. Agregar el queso untable, mezclar y servir.

POLLO CON PURÉ DE PAPA Y PERA

 **Para**
2 porciones

 **Preparación**
15 minutos

 **Conservación**
Consumir en
el momento

INGREDIENTES

100 g de pollo (preferentemente pechuga)

1 papa mediana

1 pera madura, pelada y cortada en gajos

1 cucharada de aceite de girasol

PREPARACIÓN

1. Colocar en una olla con agua el pollo y hervir hasta que esté totalmente cocido. Retirar, cortar en tiras delgadas y reservar.

2. Lavar la papa, pelar, cortar en cubos y colocar en otra olla con agua. Hervir algunos minutos hasta que esté tierna. Incorporar los gajos de pera y cocinar un minuto más.

3. Retirar y pisar hasta obtener la consistencia de un puré.

4. Acompañar el pollo con el puré y servir.

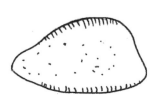

PURÉ
DE ARVEJAS

 Para
2 porciones

 Preparación
20 minutos

 **Conservación**
Se puede frizar

INGREDIENTES

200 g de arvejas frescas o congeladas (aproximadamente 1 taza)

2 cucharadas de aceite de oliva

2 tazas de agua

PREPARACIÓN

1. Lavar las arvejas y saltear en una olla con aceite de oliva durante 3 minutos.

2. Agregar el agua y cocinar a fuego medio hasta que estén tiernas.

3. Retirar y colar. Procesar con el líquido de la cocción hasta obtener la consistencia de un puré y servir.

FIDEOS CON SALSA BLANCA

Para
2 porciones

Preparación
15 minutos

Conservación
Consumir en
el momento

INGREDIENTES

100 g de fideos, por ejemplo municiones o cabellos
de ángel (aproximadamente ½ taza)

200 cm³ de leche materna o de fórmula (1 taza)

1 cucharada de fécula de maíz

1 cucharadita de aceite de maíz

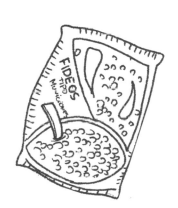

PREPARACIÓN

1. Colocar los fideos en el agua hirviendo y cocinar. Colar y reservar.

2. Para la salsa blanca saludable, diluir la fécula en una cucharada de leche.

3. Colocar el resto de leche en una olla, agregar la fécula diluida y llevar a fuego, sin dejar de revolver, hasta que espese.

4. Dejar entibiar y servir como salsa de los fideos.

CREMA DE POLLO Y BATATA

 **Para**
2 porciones

 **Preparación**
10 minutos

Conservación
Se puede frizar

INGREDIENTES

80 g de pechuga de pollo deshuesada y sin piel
(aproximadamente una tercera parte)

250 g de cubos de batata (aproximadamente ¾ taza)

1 cucharadita de aceite

1 cucharada de leche materna o de fórmula

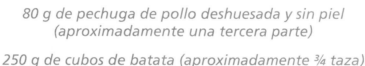

PREPARACIÓN

1. Hervir el pollo. Retirar, incorporar el aceite y la leche y procesar.

2. Colocar en una olla con agua hirviendo los cubos de batata y hervir hasta que estén tiernos. Retirar y pisar hasta obtener la consistencia de un puré.

3. Mezclar la batata con el pollo procesado y servir.

CARNE CON PURÉ DE ACELGA Y SALSA BLANCA

 Para
2 porciones

 **Preparación**
10 minutos

 **Conservación**
Consumir en
el momento

INGREDIENTES

100 g de carne (un bife pequeño de un corte magro y desgrasado)

100 g de acelga fresca o congelada (aproximadamente 2 tazas)

1 cucharada de aceite de maíz

150 cm³ de salsa blanca saludable (aproximadamente ½ taza)

PREPARACIÓN

1. Cocinar la carne a fuego medio en una sartén o plancha 5 minutos por lado. Retirar y cortar en tiras delgadas. Reservar.

2. Aparte, preparar la salsa blanca saludable tal como se indica en la receta de la página 113, "Fideos con salsa blanca".

3. Lavar la acelga. Agregar en una olla con abundante agua hirviendo y cocinar 10 segundos. Retirar y escurrir. Procesar, mezclar con la salsa blanca y servir junto con la carne.

RISOTTO CON VERDURITAS

 Para
4 porciones

 **Preparación**
25 minutos

 **Conservación**
Se puede frizar

INGREDIENTES

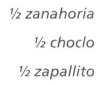

½ zanahoria

½ choclo

½ zapallito

1 taza de arroz doble carolina

1 cucharada de queso untable

1 cucharadita de aceite de maíz

2 tazas de agua caliente

PREPARACIÓN

1. Lavar y pelar las verduras. Cortar en cubos pequeños y reservar.

2. Lavar el arroz hasta retirar el almidón.

3. Calentar el aceite en una sartén y saltear el arroz hasta que se vea dorado. Incorporar las verduras.

4. Añadir dos tazas de agua caliente y cocinar a fuego medio 20 minutos aproximadamente.

5. Retirar del fuego, agregar el queso untable, mezclar y servir.

PURÉ DE LENTEJAS, ZANAHORIA Y CALABAZA

 Para
2 porciones

 **Preparación**
20 minutos

 **Conservación**
Se puede frizar

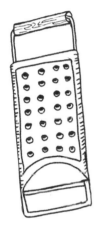

INGREDIENTES

100 g de lentejas (aproximadamente ½ taza)

½ zanahoria rallada

1 rodaja de calabaza cortada en cubos

1 cucharada de aceite de oliva

PREPARACIÓN

1. Lavar y hervir las lentejas hasta que estén tiernas.

2. Colar y procesar con un poco del líquido de la cocción. Reservar.

3. Por otro lado, hervir la zanahoria y la calabaza 5 minutos.

4. Retirar y pisar con tenedor o procesar hasta obtener la consistencia de un puré.

5. Mezclar el procesado de lentejas con el puré de calabaza y zanahoria incorporando a la mezcla el aceite de oliva y servir.

PURÉ DE BATATA CON AVENA

Para
3 porciones

Preparación
20 minutos

Conservación
Consumir en
el momento

INGREDIENTES

1 batata

3 cucharadas de avena

1 cucharadita de aceite de maíz

1 cucharadita de queso untable

1 cucharada de leche

PREPARACIÓN

1. Lavar la batata, pelar y hervir hasta que esté tierna. Pisar hasta obtener la consistencia de un puré.

2. Llevar el puré a una olla junto con la avena y la leche y cocinar 2 minutos, revolviendo de vez en cuando para que no se pegue.

3. Retirar del fuego, incorporar el queso untable y servir.

COMPOTA DE FRUTAS

 Para
2 porciones

 **Preparación**
10 minutos

 **Conservación**
Hasta 72 horas
en la heladera

INGREDIENTES

2 frutas maduras de estación. Peras, duraznos o manzanas, por ejemplo.

PREPARACIÓN

1. Lavar la fruta, pelar y cortar en cubos medianos.

2. Colocar en una olla con agua hirviendo y cocinar 2 minutos.

3. Retirar, escurrir y servir.

> Puedes utilizar una sola fruta o combinar dos frutas, por ejemplo pera y durazno

CROQUETAS DE BRÓCOLI

 Para
20 croquetas

 **Preparación**
15 minutos

 **Conservación**
Se puede frizar

INGREDIENTES

15 minutos

½ kg de brócoli

2 cucharadas de queso crema

1 taza de pan rallado

1 huevo

PREPARACIÓN

1. Hervir el brócoli hasta que esté tierno (aproximadamente 30 minutos).

2. Retirar del agua y procesar junto con el queso crema, el pan rallado y el huevo.

3. Con la ayuda de una cuchara, dar forma a las croquetas.

4. Disponer en una fuente para horno (previamente precalentado), cocinar 10 minutos a temperatura media, dar vuelta las croquetas y cocinar 10 minutos más.

5. Retirar del horno, dejar entibiar y servir.

HAMBURGUESAS DE POLLO

 **Para**
5 porciones

 **Preparación**
20 minutos

 **Conservación**
Se puede frizar

INGREDIENTES

1 pechuga de pollo
cortada en cubos

50 g de avena
(aproximadamente 1 taza)

½ zanahoria rallada

1 yema

25 g de pan rallado
(aproximadamente 2
cucharadas soperas)

Rocío vegetal

PREPARACIÓN

1. Colocar todos los ingredientes en un recipiente y procesar hasta obtener una pasta. También puedes cortar todo bien chiquito y mezclar.

2. Dar forma a las hamburguesas, con la mano o con moldes con forma.

3. Colocar en una placa de horno con rocío vegetal, cubrir con papel aluminio y cocinar 20 minutos a horno medio.

4. Retirar, dejar entibiar y servir.

PASTEL DE CARNE Y CALABAZA

 Para
8 porciones

 **Preparación**
20 minutos

 **Conservación**
Se puede frizar

INGREDIENTES

400 g de carne cortada en cubos grandes
(optar por cortes magros y desgrasados)

250 g de calabaza en cubos
(aproximadamente 1 taza)

250 g de batata en cubos
(aproximadamente 1 taza)

50 cm³ de leche materna o de fórmula
(aproximadamente ½ pocillo de café)

1 cucharada de queso untable

1 cucharada de aceite de girasol

1 zanahoria cortada en cubos

PREPARACIÓN

1. Hervir la carne en abundante agua. Retirar del fuego y cortar en cubos pequeños. Reservar.

2. Hervir la zanahoria, la batata y la calabaza hasta que estén tiernas.

3. Retirar y pisar con tenedor hasta obtener la consistencia de un puré.

4. Incorporar a la mezcla la leche y el queso untable.

5. Colocar la carne en la base de un recipiente hondo para horno, rociar con el aceite y cubrir con el puré.

6. Llevar al horno bien caliente y cocinar 5 minutos.

7. Dejar entibiar y servir.

ÑOQUIS DE BATATA

Para
5 porciones

Preparación
15 minutos

Conservación
Se puede frizar

INGREDIENTES

250 g de batatas (aproximadamente 2 batatas chicas)

1 yema

100 g de harina 0000 (aproximadamente 1 taza)

1 cucharada de queso cremoso rallado

PREPARACIÓN

1. Lavar las batatas, cortarlas en cubos y hervir hasta que estén tiernas.

2. Retirar, dejar enfriar y pelar.

3. Hacer un puré y, en el mismo recipiente, agregar el resto de los ingredientes integrándolos con las manos.

4. Estirar la masa en rollos de aproximadamente 2 cm de grosor y cortar los ñoquis.

5. Pasar por una placa enharinada.

6. Llevar a una olla con abundante agua hirviendo y cocinar unos minutos hasta que comiencen a flotar. Retirar con espumadera y servir.

CANELONES DE ESPINACA

 Para
3 canelones

 **Preparación**
30 minutos

 **Conservación**
Se puede frizar

INGREDIENTES

Para la masa del canelón:

1 huevo

50 g de harina (aproximadamente 1 taza de café)

*80 cm³ de leche materna o de fórmula
(aproximadamente 7 cucharadas soperas)*

Rocío vegetal

Para el relleno:

½ taza de puré de espinacas

50 g de ricota (aproximadamente 4 cucharadas)

1 huevo

Salsa blanca saludable, a gusto

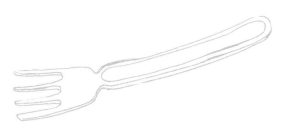

PREPARACIÓN

Masa:

1. Mezclar la harina con el huevo hasta formar una masa.

2. Agregar la leche e ir revolviendo con batidor hasta que se forme una masa líquida.

3. Dejar reposar un par de horas en la heladera.

4. Calentar una sartén con un poco de rocío vegetal, agregar una pequeña porción de masa y esparcirla por toda la sartén. Cocinar y retirar. Repetir con la mezcla restante hasta terminar la cantidad de masa.

Relleno:

1. Mezclar el puré de espinaca con la ricota y el huevo.

2. Rellenar cada panqueque y envolver hasta cerrardando forma al canelón

3. Colocar los canelones en una fuente de horno, cubrir con la salsa blanca saludable (tal como se prepara en la página 113).

4. Llevar a horno a a 180 °C y cocinar durante 20 minutos.

5. Retirar del horno, dejar entibiar y servir.

BIFECITO CON PURÉ DE PAPA

 Para
2 porciones

 **Preparación**
10 minutos

 **Conservación**
Consumir en
el momento

INGREDIENTES

*1 bife pequeño (magro y desgrasado; puede ser lomo, cuadril,
nalga, bife ancho, bife angosto, cuadrada, paleta, roastbeef, vacío)*

1 papa chica

1 cucharada de queso crema

PREPARACIÓN

1. Cocinar el bife a la plancha 10 minutos por lado (verifica que esté bien cocido).

2. Retirar y cortar en tiras delgadas.

3. Lavar la papa, pelar y cortar en cubos. Llevar a una olla con agua hirviendo y cocinar hasta que esté tierna.

4. Retirar, colar y pisar con tenedor hasta obtener la consistencia de un puré. Incorporar el queso crema y mezclar.

5. Servir el bife acompañado del puré.

SOUFFLÉ DE CALABAZA Y QUESO

 Para
2 porciones

 **Preparación**
20 minutos

 **Conservación**
Consumir en
el momento

INGREDIENTES

200 g de puré de calabaza según receta de p. 91, "Puré de calabaza" (aproximadamente 1 taza)

1 cucharada de queso crema

2 huevos

1 rebanada de queso port salut, cremoso o fresco, rallado

1 cucharadita de queso rallado

PREPARACIÓN

1. Precalentar el horno a 180 °C.

2. Separar las yemas de las claras.

3. Colocar en un bol el puré, el queso crema y el queso port salut e incorporar las yemas. Mezclar y reservar.

4. Aparte, batir las claras a punto nieve (hasta que tengan una consistencia firme).

5. Incorporar las claras batidas a la preparación con movimientos envolventes para que conserven su consistencia.

6. Enmantecar 2 recipientes para horno (como un cuenco o budinera) y espolvorearlos con el queso rallado.

7. Colocar la mezcla hasta la mitad de cada recipiente.

8. Llevar a horno fuerte durante 10 minutos.

9. Dejar entibiar y servir.

SOPA DE VERDURAS CON MUNICIONES

 Para
2 porciones

 **Preparación**
15 minutos

 **Conservación**
Se puede frizar

INGREDIENTES

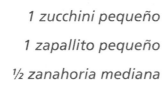

1 zucchini pequeño

1 zapallito pequeño

½ zanahoria mediana

4 cucharadas de fideos del tipo municiones

1 cucharada de queso crema

Rocío vegetal

PREPARACIÓN

1. Lavar las verduras y cortar en rodajas delgadas.

2. Llevar a una sartén con rocío vegetal y dorar unos minutos.

3. Incorporar abundante agua hasta cubrir por completo los ingredientes. Hervir hasta que estén tiernas.

4. Escurrir, incorporar el queso crema y procesar junto con el líquido de la cocción.

5. En una olla aparte con agua hirviendo, cocinar los fideos hasta que estén tiernos. Retirar y colar.

6. Servir la sopa junto con los fideos.

GUISITO CON CARNE

 **Para**
5 porciones

 **Preparación**
15 minutos

 **Conservación**
Se puede frizar

INGREDIENTES

1 papa pequeña

½ zanahoria mediana

1 rodaja de calabaza

2 tazas de agua

100 g de carne (optar por un corte magro y desgrasado)

Rocio vegetal

PREPARACIÓN

1. Cortar la carne en cubos.

2. Cortar la calabaza, la zanahoria y la papa en cubos pequeños.

3. En una sartén con rocío vegetal, sellar la carne hasta que esté dorada.

4. Agregar 2 tazas de agua, incorporar la zanahoria, la calabaza y la papa y cocinar a fuego medio-bajo hasta que estén tiernas.

5. Dejar entibiar y servir.

CARNE CON PAPAS CREMOSAS

 Para
4 porciones

 **Preparación**
15 minutos

 **Conservación**
Consumir en
el momento

INGREDIENTES

200 g de carne cortada en cubos pequeños
(optar por un corte magro y desgrasado)

½ zanahoria rallada

300 g de papas cortadas en cubos
(aproximadamente 3 papas medianas)

2 cucharadas de queso crema

200 cm³ de caldo de verduras
casero (según receta de p. 147,
aproximadamente 1 taza)

Rocío vegetal

PREPARACIÓN

1. Dorar los cubos de carne en una sartén con rocío vegetal.

2. Incorporar la zanahoria y el caldo. Cuando rompa el hervor, agregar las papas.

3. Bajar el fuego y cocinar hasta que estén tiernas y el líquido de la cocción espese por reducción.

4. Incorporar el queso y mezclar.

5. Dejar entibiar y servir.

POLLO CON PURÉ ROSA

 Para
3 porciones

 **Preparación**
15 minutos

 **Conservación**
Se puede frizar

INGREDIENTES

1 pechuga de pollo

500 cm³ de caldo casero (según receta de p.147, aproximadamente 1 taza)

Puré de 2 papas

1 remolacha cocida, cortada en cubos

1 cucharada de queso crema

PREPARACIÓN

1. Hervir la pechuga en abundante caldo. Retirar. Cuando haya enfriado, cortar en tiritas.

2. Procesar la remolacha. Mezclar con el puré de papas.

3. Incorporar el queso crema y mezclar.

4. Servir el pollo con la preparación de remolacha y papas.

POLENTA CON LECHE Y ZAPALLO

Para
4 porciones

Preparación
10 minutos

Conservación
Consumir en
el momento

INGREDIENTES

150 g de polenta instantánea

500 cm³ de leche (aproximadamente 2 tazas)

2 cucharadas de queso crema

2 cucharaditas de queso rallado

200 g de zapallo cortado en cubos
(aproximadamente 1 taza)

PREPARACIÓN

1. Colocar la leche en una olla y llevar a fuego bajo hasta que rompa el hervor.

2. Incorporar la polenta en forma de lluvia revolviendo continuamente. Cocinar 2 minutos y retirar.

3. En una olla aparte hervir el zapallo y escurrir.

4. Agregar a la polenta el queso rallado, el queso crema y el zapallo cocido.

Si prefieres que coma la polenta con las manos:

1. Colocar la preparación del paso 4 en una placa y dejar enfriar.

2. Cortar en tiritas y dorar de ambos lados en una sartén previamente aceitada.

3. Dejar entibiar y servir.

CARNE AL HORNO CON PAPAS Y ZANAHORIAS

 Para
5 porciones

 **Preparación**
60 minutos

 **Conservación**
Se puede frizar

INGREDIENTES

500 g de carne (elige un corte magro y desgrasado)

1 cebolla de verdeo picada

3 zanahorias cortadas en cubos

2 rodajas de calabaza cortadas en cubos

3 papas cortadas en cubos

200 cm³ de caldo de verduras casero (según receta p. 147, aproximadamente 1 taza)

1 cucharadita de aceite de maíz

Rocío vegetal

PREPARACIÓN

1. En una sartén, dorar la carne de ambos lados.

2. Incorporar los vegetales cubeteados y agregar el aceite de maíz.

3. Cuando los vegetales hayan cambiado de color, incorporar el caldo y terminar la cocción en el horno, a fuego medio, aproximadamente 40 minutos.

BRÓCOLI GRATINADO

 Para
2 porciones

 **Preparación**
15 minutos

 **Conservación**
Consumir en
el momento

INGREDIENTES

100 g de brócoli (1 ramillete)

200 cm³ de salsa blanca saludable (según se prepara
en la receta de la p. 113, Fideos con salsa blanca)

1 cucharada de queso rallado (para gratinar)

PREPARACIÓN

1. Preparar la salsa blanca saludable y reservar.

2. Aparte, cocinar el brócoli en agua hirviendo hasta que esté
tierno. Retirar y colocar en una placa para horno.

3. Cubrir el brócoli con la salsa blanca y esparcir el queso rallado.

4. Llevar al horno a temperatura media hasta que el queso esté
gratinado.

ARROZ CON POLLO

 Para
4 porciones

 **Preparación**
25 minutos

 **Conservación**
Se puede frizar

INGREDIENTES

200 g de arroz
(aproximadamente 1 taza)

1 cebolla mediana picada

1 zanahoria cortada en cubos

2 pechugas de pollo

1 cápsula de azafrán

500 cm³ de caldo casero (según se prepara en la receta de p. 147, aproximadamente 2 tazas)

Rocío vegetal

PREPARACIÓN

1. Cortar el pollo en cubos y dorar en una sartén con rocío vegetal. Incorporar la cebolla y la zanahoria.

2. Agregar el arroz, mezclar durante 1 minuto y e incorporar el caldo (asegurarse de que el líquido cubra el arroz).

3. Cocinar a fuego bajo aproximadamente 15 minutos e ir incorporando más caldo a medida que la preparación lo requiera.

4. Incorporar la cápsula de azafrán, mezclar y servir.

SOPA DE ARVEJAS

 Para
4 porciones

 **Preparación**
15 minutos

 **Conservación**
Se puede frizar

INGREDIENTES

300 g de arvejas frescas o congeladas (aproximadamente 2 tazas)

*500 cm³ de caldo casero (según se prepara en la receta
de p. 147, aproximadamente 2 tazas)*

1 puerro

1 cucharada de queso crema

Rocío vegetal

PREPARACIÓN

1. Lavar las arvejas; lavar el puerro y picarlo. Llevar ambos a una sartén con rocío vegetal y dorar.

2. Incorporar el caldo y cocinar a fuego medio durante 30 minutos aproximadamente.

3. Retirar, incorporar el queso crema y procesar hasta obtener una consistencia cremosa.

4. Dejar entibiar y servir.

MINI HAMBURGUESAS CASERAS DE CARNE

 Para
10 mini hamburguesas

 **Preparación**
10 minutos

 **Conservación**
Se puede frizar

INGREDIENTES

1 atado de espinacas

½ zanahoria rallada

1 manzana rallada

½ cebolla rallada

1 cucharada de pan rallado

500 g de carne picada magra

Harina, cantidad necesaria

Rocío vegetal

PREPARACIÓN

1. Lavar muy bien las hojas de espinaca y picar. Saltear en una sartén con rocío vegetal junto con la zanahoria y la cebolla.

2. Colocar la carne picada en un bol, agregar la zanahoria y la cebolla y mezclar.

3. Formar bolitas de carne y aplastarlas con la mano hasta que tengan forma de hamburguesas pequeñas.

4. Pasar por harina las hamburguesas y cocinar de ambos lados en una sartén bien caliente.

5. Muy importante: debes asegurarte de que las hamburguesas queden completamente cocidas. Para ello observa que no queden zonas rosas; tanto la carne como el líquido de cocción deben verse de color gris.

¡Atención! Es preferible que compres la carne y la proceses en tu casa. Sino, pide al carnicero que la pique en el momento y adelante tuyo.

FIDEOS CON SALSA BOLOÑESA

 Para
4 porciones

 **Preparación**
30 minutos

 **Conservación**
Se puede frizar

INGREDIENTES

200 g de carne cortada en pequeñas tiritas (un corte magro y desgrasado)

½ zanahoria

½ cebolla

1 diente de ajo

200 cm³ de tomates triturados o procesados (aproximadamente 1 taza)

Rocío vegetal

500 g de fideos (los que prefieras)

PREPARACIÓN

1. Cubetear la zanahoria y picar finamente la cebolla y el ajo.

2. En una sartén caliente con rocío vegetal incorporar el ajo y dorar.

3. Agregar la carne y saltear hasta que esté bien cocida (que no quede ningún espacio rojo).

4. Incorporar ahora la zanahoria y la cebolla y dorar 2 minutos.

5. Agregar los tomates y cocinar a fuego bajo durante 20 minutos.

6. Aparte hervir la pasta.

7. Servir los fideos con abundante salsa.

MILANESAS DE MERLUZA A LA NAPOLITANA

 Para
5 porciones

 **Preparación**
15 minutos

 **Conservación**
Se puede frizar

INGREDIENTES

400 g de filete de merluza sin espinas

300 g de pan rallado

1 huevo

1 tomate en rodajas

200 g de queso fresco o port salut cortado en rebanadas

Rocío vegetal

PREPARACIÓN

1. Revisar los filetes de merluza para verificar que estén completamente desespinados.

2. Batir el huevo, colocar el pan rallado y la harina en recipientes planos y por separado.

3. Pasar cada filete primero por harina, segundo por pan rallado, tercero por el huevo y cuarto por pan rallado.

4. Colocar los filetes empanados en una placa con rocío vegetal y llevar a horno medio durante 10 minutos.

5. Retirar y cubrir con las rodajas de tomate y luego con las rebanadas de queso.

6. Llevar al horno hasta que el queso se derrita.

7. Servir con guarnición de papas al natural o puré.

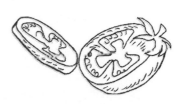

FIDEOS CON CREMA DE ESPINACA

 Para
4 porciones

 **Preparación**
15 minutos

 **Conservación**
Consumir en
el momento

INGREDIENTES

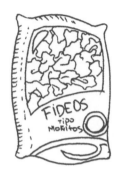

400 g de fideos

1 atado de espinaca

100 cm³ de leche
(aproximadamente media taza)

1 cebolla picada

1 cucharada de queso crema

1 cucharadita de queso rallado

Rocío vegetal

PREPARACIÓN

1. Lavar muy bien la espinaca, cortar los tallos y descartar. Llevar a una olla con agua hirviendo y cocinar durante 1 minuto. Retirar del fuego, pasar por agua fría y escurrir. Picar, agregar la cebolla y mezclar.

2. Agregar la leche, llevar a fuego medio y cocinar 5 minutos.

3. Procesar la preparación junto con el queso crema.

4. Aparte preparar la pasta y servir luego con la salsa.

5. Opcionalmente, espolvorear con el queso rallado.

POLLO A LA PORTUGUESA

 **Para**
2 porciones

 **Preparación**
20 minutos

 **Conservación**
Se puede frizar

INGREDIENTES

1 pechuga de pollo

2 tomates

½ cebolla picada

½ morrón

100 cm³ de caldo casero (según se prepara en la receta de p. 147, aproximadamente media taza)

Rocío vegetal

PREPARACIÓN

1. Cortar el pollo en tiras delgadas y en juliana los tomates y el morrón.

2. En una sartén, dorar la cebolla con rocío vegetal.

3. Agregar las tiritas de pollo y cocinar hasta que estén doradas.

4. Incorporar el tomate, el morrón y el caldo.

5. Cocinar a fuego bajo 15 minutos.

6. Retirar, dejar entibiar y servir.

TORTILLA DE VEGETALES

 Para
4 porciones

 **Preparación**
20 minutos

 **Conservación**
Hasta 24 horas
en la heladera

INGREDIENTES

1 zanahoria

1 papa

½ cebolla rallada

1 tomate sin piel y sin semillas, cubeteado

3 huevos

1 cucharada de queso crema

Rocío vegetal

PREPARACIÓN

1. Cortar la zanahoria y la papa en pequeños cubos.

2. Llevar a una olla con agua hirviendo y cocinar hasta que estén tiernas. Retirar del fuego, cortar la cocción con agua fría y reservar.

3. Mezclar en un bol los huevos ligeramente batidos con los vegetales precocidos. Agregar el tomate, la cebolla y el queso crema. Mezclar.

4. Colocar en una sartén con rocío vegetal bien caliente la mezcla hasta que los ingredientes empiecen a cocinarse. Terminar la cocción en horno precalentado durante 10 minutos aproximadamente.

5. Dejar entibiar, desmoldar y servir.

TARTA DE ZUCCHINI Y ZANAHORIA

Para
8 porciones

Preparación
30 minutos

Conservación
Se puede frizar

INGREDIENTES

1 cebolla cortada en pequeños cubos

1 zucchini rallado

1 zanahoria rallada

2 huevos

1 tapa de tarta

100 g de queso crema

Rocío vegetal

PREPARACIÓN

1. Saltear la cebolla con rocío vegetal hasta que se vea transparente.

2. Agregar la zanahoria y el zucchini y cocinar a fuego medio durante 5 minutos.

3. Incorporar el queso crema y los huevos. Revolver.

4. Rociar una tartera con rocío vegetal, estirar la masa y cubrir con el relleno de vegetales.

5. Llevar a horno moderado aproximadamente 20 minutos.

6. Retirar, dejar entibiar y servir.

NUGGETS DE PESCADO CON AVENA

 Para
8 porciones

 **Preparación**
20 minutos

 **Conservación**
Se puede frizar

INGREDIENTES

250 g de filete de pescado sin espinas (merluza, lenguado, salmón o el que prefieras)

2 cucharadas de queso crema

1 taza de avena fina

2 huevos para la mezcla

1 huevo batido

1 taza de harina

PREPARACIÓN

1. Verificar que el filete de pescado esté completamente desespinado y luego cortar en cubos.

2. Procesar con el queso crema y el huevo hasta que la mezcla tome la consistencia de un puré.

3. Colocar el puré en un film, envolver y cerrar y llevar al freezer hasta que veas que está casi congelado.

4. Colocar la harina, la avena y el huevo batido en recipientes independientes y planos.

5. Retirar la mezcla del freezer y pasar primero por harina, luego por huevo y finalmente por la avena.

6. Colocar en una placa previamente rociada con rocío vegetal y llevar a horno precalentado a 180 °C durante 15 minutos aproximadamente. Servir tibio.

CARNE A LA CACEROLA

 Para
8 porciones

 **Preparación**
20 minutos

 **Conservación**
Se puede frizar

INGREDIENTES

500 g de carne (elige un corte magro y retírale la grasa visible, como cuadril, vacío, peceto o nalga)

½ cebolla

1 zanahoria

1 tomate

1 diente de ajo

2 cucharadas de aceite

750 °C de caldo casero (según se prepara en la receta de p. 147, aproximadamente media taza)

Rocío vegetal

PREPARACIÓN

1. Cortar la cebolla, el tomate y la zanahoria en cubos pequeños.

2. Colocar la carne en una fuente junto con las verduras cortadas, el diente de ajo pelado y el aceite. Llevar la fuente a la heladera y dejar reposar una noche.

3. Sellar la carne por ambos lados en una cacerola con un poquito de rocío vegetal.

4. Cuando la carne esté dorada, agregar los ingredientes vegetales y hasta que tomen color.

5. Incorporar el caldo, bajar el fuego y cocinar durante 20-25 minutos.

6. Opcionalmente, licuar las verduras con el líquido de cocción para salsear la carne.

7. Servir con la salsa (opcional) y guarnición de puré o papa natural.

CREPES DE ESPINACA Y QUESO

 Para
20 crepes

 **Preparación**
20 minutos

 **Conservación**
Se puede frizar

INGREDIENTES

2 tazas de leche

1 taza de harina

1 huevo

1 cucharadita de aceite de maíz

8 hojas de espinaca picadas

30 g de queso fresco o port salut

200 °C de salsa blanca saludable (según se prepara en la receta de p. 113)

PREPARACIÓN

1. Colocar la leche, el huevo, el aceite, la harina en forma de lluvia y la espinaca en la licuadora. Licuar hasta obtener consistencia cremosa.

2. Pasar a un bol y dejar reposar media hora en la heladera.

3. Calentar una sartén con rocío vegetal y volcar un cucharón de la mezcla. Distribuir para dar forma al crepe y dorar por ambos lados. Retirar y repetir este paso hasta completar el total de mezcla.

4. Rellenar cada crepe con un cubito de queso y cerrar dando forma de pañuelo.

5. Colocar en un recipiente y bañarlos con la salsa blanca.

6. Llevar a horno medio durante 10 minutos.

7. Retirar, dejar enfriar y servir.

CALDO CASERO

 **Para**
2 litros de caldo

 **Preparación**
20 minutos

 **Conservación**
Se puede frizar

INGREDIENTES

1 zanahoria

1 puerro

1 apio

1 rodaja de calabaza

2 hojas de acelga

Hierbas (laurel, tomillo, romero)

2 y ½ l de agua

PREPARACIÓN

1. Lavar muy bien las verduras y cortarlas en cubos.

2. Colocarlas en una cacerola, cubrir con agua y agregar las hierbas.

3. Tapar y cocinar a fuego lento durante media hora. Retirar y colar.

4. Opcionalmente, puedes conservarlo en el freezer en porciones individuales.

FLAN CASERO

 Para
4 porciones

 **Preparación**
10 minutos

 **Conservación**
Hasta 72 horas
en la heladera

INGREDIENTES

500 °C de leche descremada

3 huevos

1 cucharada de azúcar

1 cucharada de esencia de vainilla

PREPARACIÓN

1. Con batidor, mezclar en un bol los huevos, el azúcar, la esencia de vainilla y la leche.

2. Volcar la preparación en moldes individuales. Colocarlos en una asadera con agua, asegurándote de que el molde quede lo más sumergido posible.

3. Llevar a horno (precalentado a 170 °C) durante aproximadamente 25 minutos. Para saber si está cocido, introduce en uno de los flanes un palito: si sale limpio, significa que puedes retirarlos del horno.

4. Dejar entibiar a temperatura ambiente y luego pasar a la heladera.

5. Cuando hayan enfriado, desmoldar.

ARROZ CON LECHE

Para
3 porciones

Preparación
10 minutos

Conservación
Hasta 72 horas
en la heladera

INGREDIENTES

20 g de arroz

200 °C de leche

1 cucharada de azúcar

PREPARACIÓN

1. Colocar el arroz con la leche en una olla. Cocinar hasta que el arroz esté tierno.

2. Retirar del fuego y agregar el azúcar.

3. Revolver, dejar enfriar y servir o guardar en la heladera.

GALLETITAS DE AVENA Y BANANA

 Para
25 galletitas
aproximadamente

 **Preparación**
20 minutos

 **Conservación**
Hasta 72 horas en
envase con tapa

INGREDIENTES

3 bananas maduras

1 taza de coco rallado

1 taza de avena instantánea

Rocío vegetal

PREPARACIÓN

1. Pisar las bananas. Mezclar con la avena y el coco.

2. Dejar reposar unos minutos.

3. Formar bolitas con la mezcla y aplastar para armar las galletitas.

4. Colocar en una placa con rocío vegetal y cocinar aproximadamente 10 minutos a horno moderado.

MILKSHAKE
DE PERA Y MANZANA

 Para
2 porciones

 **Preparación**
5 minutos

 **Conservación**
Consumir en
el momento

INGREDIENTES

1 pera*

1 manzana*

200 °C de leche

PREPARACIÓN

1. Lavar las frutas, pelar y cortar en pequeños cubos.

2. Procesar junto con la leche hasta que el batido tome consistencia.

3. Servir inmediatamente.

* Puedes combinar las frutas que prefieras

MUFFIN SIN HARINA NI AZÚCAR

Para
6 a 8 muffins
aproximadamente

Preparación
20 minutos

Conservación
Hasta 72 horas en
envase con tapa

INGREDIENTES

2 tazas de avena instantánea

2 bananas

2 huevos

1 taza de yogur de vainilla

1 pizca de sal

1 y ½ cucharaditas de polvo para hornear

½ cucharadita de bicarbonato de sodio

½ cucharadita de esencia de vainilla

Rocío vegetal

PREPARACIÓN

1. Precalentar el horno a 200 °C.

2. Cubrir un molde para muffins con rocío vegetal. También pueden emplearse moldes individuales.

3. Colocar todos los ingredientes en la licuadora. Licuar hasta lograr una pasta homogénea.

4. Colocar la preparación en los moldes (que no supere los ¾ de su capacidad). Hornear durante 15 minutos (no abrir el horno durante la cocción).

5. Introducir un cuchillo en la masa: si sale limpio, los muffins estarán cocidos.

6. Retirar la bandeja del horno. Dejar enfriar y desmoldar.

VAINILLAS CASERAS

Gentileza de *MamaSana*, de Romina Polnoroff.

 Para
15 vainillas
aproximadamente

 **Preparación**
30 minutos

 **Conservación**
Hasta 72 horas en
envase con tapa

INGREDIENTES

100 g de azúcar

3 huevos

120 g de harina (integral o 0000)

1 cucharadita de polvo de hornear

2 cucharaditas de esencia de vainilla

PREPARACIÓN

1. Batir los huevos con batidora eléctrica hasta que se vuelva espumoso.

2. Agregar el azúcar en forma de lluvia sin dejar de batir.

3. Seguir batiendo y agregar la esencia de vainilla hasta llegar a punto letra, es decir, hasta que se pueda hacer un dibujito con la misma mezcla.

4. Incorporar de a poco la harina tamizándola y con movimientos envolventes para que la mezcla no pierda consistencia.

5. Pasar la mezcla a una manga y, sobre una placa aceitada o forrada con papel manteca, hacer la formita de las vainillas.

6. Rociar con unas gotitas de agua y llevar a horno medio 20 minutos.

7. Retirar del horno cuando los bordes se hayan dorado.

8. Si las prefieres más crocantes, dejar unos minutos más en el horno (con cuidado, porque se queman rápido).

9. Dejar enfriar y despegar con cuidado.

BAY BISCUITS

Gentileza de *MamaSana*, de Romina Polnoroff.

 Para
15 bay biscuits
aproximadamente

 **Preparación**
40 minutos

 **Conservación**
Hasta 72 horas en
envase con tapa

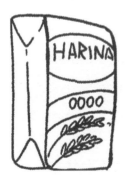

INGREDIENTES

5 huevos	1 cucharadita de esencia de vainilla
100 g de azúcar	50 cm³ de aceite
250 g de harina	2 bananas (muy maduras)

PREPARACIÓN

1. Precalentar el horno a 180 °C.

2. Forrar con papel manteca un molde rectangular de aproximadamente 24 x 30 cm.

3. Batir en batidora eléctrica los huevos con el azúcar hasta punto letra.

4. Agregar la esencia de vainilla y retirar de la batidora.

5. Incorporar las bananas pisadas.

6. Tamizar la harina e incorporar al batido en forma manual realizando movimientos envolventes.

7. Incorporar, por último, el aceite.

8. Pasar la mezcla a un molde rectangular y cocinar 30 minutos hasta que esté firme y doradito.

9. Una vez frío, desmoldar y cortar los bay biscuits.

10. Colocarlos de costado nuevamente sobre el papel manteca y llevar al horno para secar y dorar. Deben quedar crocantes.

ALFAJORCITOS DE MAICENA

Gentileza de *MamaSana*, de Romina Polnoroff.

 Para
30 alfajorcitos

 **Preparación**
20 minutos

 **Conservación**
Hasta 72 horas en
envase con tapa

INGREDIENTES

175 g de fécula de maíz

50 g de manteca

50 g de azúcar

1 huevo

1 cucharadita de esencia de vainilla

1/2 cucharadita de polvo de hornear

Dulce de leche, cantidad necesaria
(puedes optar por uno sin azúcar)

Coco rallado, cantidad necesaria

PREPARACIÓN

1. Incorporar todos los ingredientes hasta formar una masa suave.

2. Amasar bien y dejar reposar en la heladera media hora.

3. Retirar, estirar la masa y cortar las tapitas.

4. Llevar a horno medio hasta que se vean secas y no cambien de color.

5. Retirar y dejar enfriar.

6. Rellenar las tapitas con dulce de leche y pasar los bordes por el coco rallado.

BIBLIOGRAFÍA

Aprendamos a comer, María Elena Torresani. Akadia, 2006.

Baby Led Weaning, Helping your baby to love Good Food, Gill Rapley, Tracey Murkett. Vermilion, 2013.

Cómo adelgazar y mantenerse, Prof. Doctor Alberto Cormillot. Editorial Paidós, 2012.

Diagnóstico y terapéutica en pediatría, A. L. Urda, E. Núñez, A. Jurado. Editorial Panamericana, 2da edición, 2017.

El desarrollo del niño. Una definición para la reflexión y acción, Comité Nacional de crecimiento y desarrollo. Revista de la Sociedad Argentina de pediatría, 2004.

Jugar con bebés y niños pequeños, Marcela Osa. Albatros, 2012.

Guías alimentarias para la población Argentina. Ministerio de salud de la Nación, 2016.

Guías para la Evaluación del crecimiento. Sociedad Argentina de Pediatría, 2001.

Krause Dietoterapia, L. Kathleen Mahan, Sylvia Escott-Stump, Janice L. Raymond. Editorial Elsevier, 13a. Edición, 2012.

La comida no engorda, Adrián Cormillot. Editorial Planeta, 2012.

La maternidad y el encuentro con la propia sombra, Laura Gutman. Planeta, 2013.

Lactancia Materna y su importancia en la iniciativa. Maternidades Seguras y Centradas en la familia. UNICEF, Argentina, 2013.

Lineamientos para el cuidado nutricional, María Elena Torresani y María Inés Somoza. Eudeba, 2016.

Manual de seguimiento en salud, niñas, niños, adolescentes. Sociedad Argentina de Pediatría, 2011.

Mi niño no me come, Carlos González. Temas de Hoy, 1999.

Nutricion del Niño Sano, Jessica Lorenzo, M. Elisa Guidoni, Marisol Díaz, M. Soledad Marenzi, M. Eugenia Lestingui, Julieta Lasivita, M. Belén Isely, Agostina Bozal, Bárbara Bondarzuk. Editorial Corpus, 2018.

Nutrición, Diagnóstico y Tratamiento, Sylvia Escott-Stump. Editorial Lippincot Williams and Wilkins. Wolters Kluwer Health. 2016.

Nutrición durante el embarazo y lactancia, Jessica Lorenzo. Dunken, 2014.

Nutrición en pediatría, Débora Setton, Adriana Fernández. Editorial Panamericana, 2014.

Nutrición pre y post natal: impacto a largo plazo en la salud. Archivos Argentinos de Pediatría 2015.

Nutrición Pediátrica, Autores varios. Corpus, 2009.

"Position of the American Dietetic Association: Dietary guidance for healthy children ages 2 to 11 years", Nicklas T. y R. Johnson. The American Dietetic Association, 2004.

Sitio web: www.anmat.gov.ar/alimentos/codigoa/CAPITULO_II.pdf

Sitio web: https://www.who.int/dietphysicalactivity/childhood/es/

Técnicas del Manejo de alimentos, María Rita Garda. Eudeba, 2007.

Yo amo comer, Karina Eilenberg, Sabrina Gatti Wosner. Editorial Sudamericana, 2017.

Técnica Dietoterápica, Elsa Longo y Elizabeth T. Navarro. El Ateneo, 1994.

CONTENIDO